ro
ro
ro

Elke Heidenreich, geboren 1943, lebt in Köln; seit 1970 arbeitet sie als freie Autorin und Moderatorin bei Funk und Fernsehen und für verschiedene Zeitungen; Fernseh- und Hörspiele, ein Film, ein Theaterstück, zahlreiche Serien; 17 Jahre Kolumnistin bei der Zeitschrift «Brigitte».

Als Rowohlt Taschenbücher liegen u. a. vor: «Kolonien der Liebe». Erzählungen (rororo 13470) und die «Also ...-Kolumnen aus BRIGITTE» Band 1–5. Zuletzt erschienen die Geschichten «Rudernde Hunde» (gemeinsam mit Bernd Schroeder im Hanser Verlag), «Erika» (mit Michael Sowa, rororo 23513), «Wörter aus 30 Jahren» (rororo 23226) und «Datt kann donnich gesund sein. Else Stratmann über Sport, Olympia und Dingens ...» (rororo 23805).

Bernd Pfarr, geboren 1958, zeichnete seit 1978 Cartoons für Verlage und Zeitschriften, so für den «Stern», das Züricher Magazin des «Tagesanzeigers» und für das «ZEITmagazin». Seit 1987 erscheint die mittlerweile legendäre Sondermann-Serie in der Satirezeitschrift «Titanic».
Neben seinen Cartoons und eigenen Buchveröffentlichungen hat Bernd Pfarr auch zahlreiche Bücher illustriert. 1998 erhielt er den Max-und-Moritz-Preis. Bernd Pfarr starb im Juli 2004 nach langer, schwerer Krankheit.

Elke Heidenreich

«Darf's ein bißchen mehr sein?»

Else Stratmann wiegt ab
(Texte von 1975–1984)

Mit Illustrationen
von Bernd Pfarr

Rowohlt Taschenbuch Verlag

3. Auflage April 2021

Veröffentlicht im Rowohlt Taschenbuch Verlag,
Reinbek bei Hamburg, Dezember 1984

Umschlaggestaltung any.way, Cathrin Günther
(Illustration: Bernd Pfarr)
Satz aus der Stempel Garamond PostScript, Quark XPress 4.11
bei KCS GmbH, Buchholz/Hamburg
Druck und Bindung CPI books GmbH, Leck, Germany
ISBN 978 3 499 23850 5

Inhalt

Die Welt der Politik 89
(Heimat und weite Welt)

Die Welt der Fürsten 123
(Ein Kursus über unsere Höfe)

«Frau Stratmann, wo nehmen Sie das
nur immer alles her?«
«Weissich aunnich. Kommt mich so.»

Für Hilmar Bachor,
ohne den es Else Stratmann
schon längst nicht mehr gäbe.

Vorwort

Liebe Freundinnen
Und Freunde
Kundinnen und Kunden
Also ich versuch jetzt mal
Ein Vorwort für die Else zu schreiben
Die Else Stratmann
Kennen Se ja
Die berühmte Metzgersmeistergattin
Nun weiß ich garnich genau
Wie son Vorwort geht
Das letzte Wort hat sowieso immer die Else
Ich mein
Am Anfang hat se et ja schwer gehabt
Denn die is ja in die Metzgerei Stratmann eingeheiratet
Ich weiß auch garnich mehr
Wat die Else für ne geborene is
Jedenfalls die alten Stratmanns wollten das zuerst ja gar nich
Dat war ja ne Aufregung sach ich Ihnen damals
Die Metzgerei gibbet ja schon seit Jahrhunderten
Un die alten Stratmanns
Die waren ja immer schon son bißken eingebildet

Die hatten ja sonen Stich int Höhere
Un dann haben die immer gesacht
Die hergelaufene Dern
Hat nix is nix werd nix
Wat will die eigentlich
Die will doch nur unser Willi sein Geld heiraten
Ich mein
Die Else dat war ja en Feger damals
Un die alten Stratmanns die hätten wahrscheinlich lieber
Sone Akademikerin in de Familie bekommen
Kann man ja auch wieder verstehen
Wenn man so den ganzen Tach mit Fleisch umgehen muß
Daß man dann abends auch schon mal was Geistiges haben will
Die meisten Metzgersfrauen die ich so kenne
Da is dat ja auch so
Tagsüber ff Wurstwaren un abends Abonnemang
Aida un sowat
Ich sach immer
Die sehnen sich nach ihrer Seele
Geschnitten oder am Stück
Jedenfalls
Die alten Stratmanns die waren da gar nich mit einverstanden
Noch bei de Hochzeit
Da sind die nur widerwillig hingegangen

Ich hab das ja alles mitgekriecht
Sehnse mal
Ich war ja mit dem Hein Stratmann
Dat war ja de Älteste
Mit dem war ich ja sehr befreundet
Un de sollte die Metzgerei ja auch eigentlich kriegen
Nach dem Kriech
Aber de war ja bei de Flieger un is ja dann
So tragisch umgekommen
Zuletzt noch
Un der zweite Sohn
De Johannes
De is ja in Rußland mehr oder weniger vermißt geblieben
Wegen de Schneeverwehungen
Da oben in Litauen
Ja so is das Leben
Un dadurch hat dann de Willi die Metzgerei gekriegt
Obwohl er ja eigentlich Ingenieur werden wollte
Un de Willi hat sich das dann zunutze gemacht un gesacht
Wenn ich die Else nich kriech
Könnter euch eure ganze Metzgerei
Innen Schornstein schreiben
So war das
Un de Willi is ja en Dickopp
Dat war ja stadtbekannt
De Willi mit der Else un die Else mit dem Willi

Hat ja keiner dran geglaubt
Wenn ich doch nur de Mädchenname von der Else wüßt
Ich mein
Die Else hat ja Haar auf de Zähn
Aber laß man
Das hat der Metzgerei nicht geschadet in all den Jahren
Un dem Willi auch nich
Im Gegenteil
Die Metzgerei is ja heut ne Goldgrube
Allein schon auf Wurst un Fleisch
Kann heut doch kein Mensch mehr verzichten
Un die Else is ja ne kluge Frau
Un heut sagen se auch all
Frau Stratmann hier un Frau Stratmann da
Dat se nich Frau Dr. sagen is alles
Die Else hat den Laden nich nur hochgebracht
Sondern auch hochgehalten
Weil se sich eben für alles interessiert
Für alles
Da kann sich manche Akademikersgattin noch ne Scheibe
Von abschneiden
Nee die Else is wahrhaftig nich auf den Mund gefallen
Un sie sacht auch zu mancher Kundin Frau Dr.
Auch wenn die gar nich Frau Dr. is

Die Else könnt sogar im Bundestach sein
Denn die kann mit dem Weltgeschehen umgehen
Als wär die ganze Welt aus Eisbein
Et gibt nix wat die nich weiß
Un deshalb nimmt die auch kein Blatt vor den Mund
Hat se ja auch gar nich nötig
Außerdem die hätt ja damals an jedem Finger zehn
haben können
Aber sie wollte ihren Willi
Und de Willi wollte seine Else
Mach wat dran
Aber so sollet ja eigentlich auch sein
Un die alten Stratmanns
Wenn die dat heute sehen könnten
Wie die Else den Laden schmeißt
Die brauchen sich im Grab nich rumzudrehen
Im Gegenteil
Die können ganz beruhigt so liegenbleiben
Ich sach immer
Da muß mancher Metzgermeister heutzutach
Lang für schlachten
Bis er son tüchtige un vielseitige
Schwiegertochter bekommt.

Hanns Dieter Hüsch

Die Welt der Frau

(Heim, Familie, Frauenherz)

Schlank un schön

Jeden Frühling kuckich im Spiegel und dann habbich schon widdern Jahresring zugelecht un alles trostlos, un dann les ich immer inne Zeitung diese Serien, «Fit un schlank mit Barbara Rütting» oder «Schön un gesund mit Köhnlechner» oder sowatt, Foto vorher/nachher: Helga Th., sieben Killo weniger mit unsere Diät, morgens ne Tasse Luft, mittachs en Ei mit Schnittlauchröllekes, ahms wird ne Tomate durche Stube getragen un da wirsse schlank von. Watt nich noch alle …

Ich habbet versucht, Sie, ich habbet ehrlich versucht. Ich hab nache Kallerientabelle gegessen, ich hab annet offene Fenster geturnt, datter Josefiak von gegenüber schon Stielaugen gekricht hat, ich hab drei Katoffeln gekocht, Sahne reingetan, sonne Pampe drausgemacht un auffem Gesicht geschmiert fürm Teng, un ich hab trotzdem nich ausgesehn wie Barbara Rütting. Ich hab Gurkenscheiben auffe Augen gelecht un Eigelb auffe Backen geklatscht für zum Straffen vonne verwüstete Gesichtslandschaft, ich hab Möhren gefuttert als wärich der Osterhase, jeden Bissen fuffzichmal kauen, ich hab vier Minuten kalte Dusche gemacht un de Füße im Kamillenbad getan, weil de schöne Frau is auch anne

Füße geflecht, dann habbich aus zwei ungespritzte Zitronen mit kochendes Wasser, watt zwanzich Minuten ziehen muß, habbich mir ein Haawaschmittel selbs gemacht für zum Blonderwerden auffe natürliche Aat, dann solltich noch Schmierseife mit Pottasche un 70%igen Alkehol mischen un alles durchem Sieb, dann krisse Haare wie Senta Berger, aber wo krisse Pottasche her? Nä, nä, ich hab alles versucht, ich bin soga mit ein nassen Lappen auffen Gesicht mit Heilerde un Gesundheitsöl im Bett gegangen, Willi hat auffe Kautsch inne Wohnstube geschlafen, bissich gesacht hab, komm her, Williken, du bis mich doch lieber wie son nassen Lappen –

Gezz lassich et. Ich seh ehmt aus wie ich ausseh, un ich werd nich mehr schön mit Köhnlechner un aunnimmehr schlank mit Barbara Rütting, un wenn ich et mir genau überlech, will ich datt auch ga nich, weil, watt tun denn de Männer für uns, hä? Grade ma, dattse in Frühling de langen Unterhosen ausziehen, aber nie ma Masken auffem Gesicht oder Körnerdiät, gehnse doch weck, un unsereins müht sich ein ab un watt is? Nachher binnich schlank un schön un geh mit Willi durche Gruga un dann sagende Leute: Kumma da, sonne schöne Frau un muß mit son ollen Dicken rumschieben …

Datt is aunnix, nä. Un bloß schön wegen den Köhnlechner – wann treff ich den Mann denn schomma!

Unser Inge

Unser Ingelein is eintlich en nett Mätchen, doch. Ja, gut, manchma machze watt mit als Mutter, wennse so mitte grün Haare komm un alles, un unbedingt Löcher im neuen Tee-Schirt reinschneiden müssen, aber sonz – wenn datt Herz stimmt, sarich immer, datt is schon de halbe Miete, un datt stimmt bei unser Ingelein, doch, ja.

Aber watt mir Sorgen macht, datt is, wie datt Kint neuerdings redet, ich versteh eimfach kein Wort mehr. Passense auf, neulich, nä, ich bin inne Küche am Bügeln un sie sitzt mitten Pinky auffe Veranda – dieser Pinky is der Sohn von dies Kohlengeschäft unten anne Ecke, wo die Mutter datt Krösken mitten Volksschullehrer hatte, aber datt werden Sie gezz nich so genau wissen, na, flöt, is ja auch egal, jedenfalls heißter Junge eintlich Kalleinz, sagense aber Pinky für – wo warich?

Ach ja, unser Inge sitzt mitten auffe Veranda un überlegense, wattse machen sollen, nä, wa Samstachahmt. Ich hör datt so durche Tür alle mit –

Also, sacht unser Inge, watt is Tango?

Ja, sachter Pinky, wir könnten nache Altstadt rüberkacheln, da sollet ne tierische Abfülle gehm.

Nä, sachtse, null Bock, da hängen bloß widder soviel Pseudos rum un sülzen ein voll.

Dann laß wer kucken, watt bei Härry anliecht, sacht er.

Kannze abschminken, sacht unser Inge, Härry macht neuerdings ahms immer den Stachanow.

Watt? sachter Pinky, is der noch voll im grün Bereich? Mann, watt krank, der is ja heavy drauf, meine Fresse, da hilf tja bloß noch praktisch denken, Särge schenken.

Weiße watt, sacht unser Inge, echt affengeil wär ja, wenn wer uns im JuZe einklinken könnten, da geht heute tierisch der Punk ab, die Toten Hosen sind am Spielen.

Na ja, sachter Pinky, aunnich grade royal fläsch, aber besser wie nix, könnwer ja ma schecken, vielleicht datten paa gute Weibräschens rüberkomm, laß wer brettern.

Hasse denn Schotter? fracht unser Inge, un er sacht: Null, mußtu fassen.

Null Tarif bei mir, sachtse, un flüstert: Mußich kukken, ob meine Olle gut drauf is, aber wir ham schottermäßig schonnen Mordsbraß, verstehsse. Na, vielleicht hatse heute den Blues un kickt watt rüber.

Ich hatte datt Bügeleisen schon lange hingestellt, nä, wodrüber reden die eintlich? habbich mich dauernd gefracht, da kommt unser Inge rein un sacht: Mamma, kannze mir noch eima zwanzich Mark leihen, ich will mitten Pinky nachen Jugendzentrum hin, da spielt heute ne Band, aber datt kost Eintritt, machze datt?

Ich sach, gut, hier hasse, aber lasset nich den Pappa wissen, un um zwöllef bisse zu Hause, kla?

Kla, sachtse, Mamma, du bis ne schaafe Nummer. Un dann gehtse raus un sacht, Pinky, Äction, zwanzich Rubel habbich. Un dann sindse los, un ich steh da so als Mutter un denk: Watt habbich mitten Kint nett geredet, wie et noch klein wa – willtu heiaheia machen? Mußtu schön hamham machen, dann gehtie Mamma mittir teitateita ... un wie redense heute? Wennze heute sachs, Ingelein, komm, wir gehn nach Tante Herta hin, dann krisse als Antwort: Auf die Tussi steh ich aber nich, da geh ich lieber auffem Distanztrip. Da machze watt mit, als Mutter.

(fürs «Peppermint»)

Sommerzeit auffe Kaffee-Uhr

Mein Gatte hat ja sonne Uhr, wo er nur 29 Maak 50 für zahlen mußte, weil er hat ja nochen Killo Kaffee dazugenomm, kennse, nä. Ja. Un die Uhr sieht auch gut aus, doch, ja, kannze nix sagen, die sieht teurer aus wie 29 Maak 50 un ist alles dran – kannze drauf kucken wie spät datt in Indien is un all so Sperenzkes, is auch son Schreiben bei, nä, «herzlichen Glückwunsch, Sie ham gut gewählt», stehta, also Willi is auch sehr zufrieden mitte Uhr – gewesen. Weil gezz kam de Sommerzeit, nä, wose doch Sonntachnachts immer ne Stunde zutun oder weck oder watt, kommt ja keiner so genau hinter, jedenfalls, wir sitzen schön bein Frühstück, nä, zweite Tasse von diesen Kaffee da der zu de Uhr dazugehört, so, sacht Willi, wolln wer ma de Sommerzeit einstellen. Ach ja, sarich, wolltich ja aunnoch, un ich dreh so eima oben an datt Knöppken bei meine olle Uhr, schwupp, eine Stunde zurück, oder vor, weiß ich gezz nich, jedenfalls fertich wa die Laube. Bei Willi nich.

Willi lechte Uhr auffem Tisch, holte Brille un lieste Gebrauchsanweisung. Ich noch am Lachen, nä – Willi, sarich, watt brauchsse denn für ne Uhr eine Stunde anders stellen groß ne Gebrauchsanweisung, statt halb elf machze einfach gezz halb zehn, kumma, wie ich. Ja, sachter, datt geht vielleicht bei deine Kinderuhr, aber nich bei mein Time-Ton-LCD-Quartz-gesteuerten Präzisionszeitcomputer, wenn ich da gezz eimfach watt vorstell, dann stimmt nachher in Indien die Zeit aunnimmehr, datt braucht gezz genaue Überlegung braucht datt gezz, mach mich nich kribbelich un räum lieber schomman Tisch ab.

Ich räum also den Tisch ab, nä, dann machich de Betten, spül, les de Zeitung, datt wird zwöllef, ich sach, watt is, Willi, wir wollten doch nach Tante Ruttchen hingehn Mittachessen, so schwer kann datt doch wohl nich sein mittie Uhr – da schreit der mich an! So, schreiter, so schwer kann datt nich sein, dann bin ich wohl hier den Bekloppten, oder wie? Les doch de Gebrauchsanweisung selbs!

Ich les, nä: «Führense zunächst die unter a bis c beschriebenen Vorgänge aus, dann drückense anschließend nich Knopp c, sondern Knopp a –» hasse denn Knopp a gedrückt? Hundertma, sachter, aber wenn ich a drück, geht b immer mit runter un dann stimmtatt Datum nich mehr. Ja, sarich, hier steht, Display erleuchten, hasse denn Display erleuchtet? Komm, laß, sachter, du weiß ja nich ma, watt Display is, de ganze Uhr is Beschiß, ich habbet genauso gemacht wiese schreiben un nix geht –

Kumma, sarich, zwölf Uhr fünnef, stimmtoch. Ja, sacht er, un datt Datum? Hamwer vielleicht 20. September oder watt? Ich sach, dann hasse watt falsch gemacht, wenn nemmich Anzeige 0.00 erscheint un datt Balkensymbol is am Blinken …

Leck mich doch inne Täsch, sachter, geh alleine nach Tante Ruttchen, mir is der Appetit vergangen.

Wa der Sonntach schon inne Binsen, nä.

Wie ich nammittachs von unser Tante Ruttchen zurückkomm, sitzter Mann immer noch da. Else, sachter, gezz stimmtatt Datum, un de Uhrzeit in Neu-Delhi stimmt auch, aber für Wanne-Eickel isset halb drei statt halb vier, ich werd noch verrückt, glaubsse datt –

Komm, Willi, sarich, laß sein, gezz trinken wer ersma en schön Täßken Kaffee un dann –

Bloß kein Kaffee! schreiter, bei Kaffee seh ich rot gezz, weil, wer mir sonne Uhr andreht, dem sein Kaffee willich aunnich trinken.

(für Dieter Ehlers)

Friedlicher Advent

Am schlimmsten isset bei uns immer vor Weihnachten, da binnich sowatt von am Renn, dattich mit alles fertich werd – inne Advenzzeit gehtatt schon los. Mamma, backze denn keine Plätzkes? Mamma, ham wer kein Advenzkranz dies Jah? Mamma hier un Mamma da, bissich sach, Kint, gezz laß mich ma in Ruhe, hier hasse Geld, gezz geh nachen Blumladen un kauf en schön Advenzkranz. Watt, sacht Willi, kaufen? Bisse noch gescheit, wo der ganze Wald voll Zweige is? Nix, wir ziehn de dicken Schuhe an un holen uns Zweige aussen Wald un machen den Advenzkranz selber. Ich sach, Willi, wo is denn hier en Wald mit Zweige, un dann du un selbermachen, du has doch nu wirklich zwei linke Hände un an jede Hand fümf Daumen – aber nein, er will im Wald, nä, wo unter jeden Baum schon drei Förster sitzen un auf so einen bloß waaten, ich sach, Ingelein, nix, du holz gezz son Kranz un fertich.

Moment ma, sacht Willi, wer is gezz hier der Vatter? Datt wolln wer domma sehn, ich zieh gezz de dicken Schuhe an un geh mitte Säge im Wald. Wo sintie dicken Schuhe, verdorri? Ich sach, Willi, da wa neulich sonne Sammlung für de aam Kinder in Afrika, un da habbich deine dicken Schuhe nache Neger hingegehm, hier stehnse ja doch bloß rum datt ganze Jah. Ja, Junge, da wa aber watt los, brauch ich Ihn ja nich erzählen, ers wa ich an alles schuld, dann de aam Negerkinder, un dann widder ich – wattatt fürm furchbaaren Haushalt hier wär mußt ich mir anhören, un da is mir der Geduldsfaden dann aber auch ma gerissen,

So! habbich geschrien, furchbaaren Haushalt? Bloß weil du eima in Jah im Wald willz unte dicken Schuhe nich finz, is datt gleich en furchbaaren Haushalt hier? Wie kommze mir denn vor, Willi Stratmann? Ich renn un mach un koch un putz un vorne un hinten un dann mußtich mir sowatt anhören, du hasse wohl nich alle.

Aha, schreit er, wenn ich et ma nett ham will mit ein echten Advenzkranz aussen Wald, dann is nix un meine einzigen dicken Schuhe schickze nach Afrika, un du willssen Persianer zu Weihnachten? Kannze vergessen, kannze alle vergessen!

Ich nachen Schrank hin, nä, da hattich den Taschenrechner drin, den er zu Weihnachten kriegen sollte, hab ihm den am Kopp geschmissen un gesacht so, Willi Stratmann, da hasse dein Geschenk, Weihnachten is für mich gestorm, von mir aus kann datt Jesuskint bleim wo et is, un da fängt unser Inge am Heulen un sacht, hu, immer is hier Knies, nie ma Frieden auf Erden, datt soll datt Fest der Liebe sein? Un Willi schreitse an, dann geh doch woanders hin, wenn dir datt hier nich paßt! Uns paßtatt auch schon lange nich mehr, wie du rumläufz, mit Palletten anne Jacke –

Datt heißt Pajetten! heult unser Inge, du verstehs

eben nix vonne Discomode un vonne Jugend schon soweso nich –

Schwupp, hatse eine hängen –

Ich schrei noch: Hau du datt Kint nich! Un er schreit: Weil duse immer so verziehss, gezz ham wer den Salat, watt isse? En Flittchen!

Un dann gehter nache Wirtschaft hin un säuft sich de Hucke voll un unser Inge schließt sich im Zimmer ein un heult un ich sitz da un möcht am liebsten auchen Stücksken heulen, aber dann laß ich et un back Plätzkes, weil bald is ja Weihnachten un da wolln wert dochen bißken nett ham, nä.

Weihnachtsbutter

Jedes Jah derselbe Zirkus mitte Weihnachtsbutter, un jedesma binnich fix un fertich von. Seit acht Uhr binnich heute schon auffe Socken, bei Kaastadt warich schon, dann bein Coop, bei Edeka, bei Kollenialwaren Lodemeier, gezz noch nach Tengelmann un Kaisers Kaffee, un alles wegen diese Weihnachtsbutter, unser Inge kann ich aunnimmehr schicken, wir warn ja schon zusammen los, nä, die geben ja immer bloß vier Päckskes pro Person raus, un wir jedesma widder rein im Laden mitten ander Kopftuch um unne andere Jacke un an getrennte Kassen, aber mehr wie sechzehn

Butterfahrt

Päckskes kannze so aunnich aus ein Laden rausholen, un einma ham wer ein Kint geschickt un ich hab gesacht, komm her, du Ötzken, gezz gehsse ma da rein un hols fürde Tante vier Päckskes Butter, dann krisse auch fuffzich Fennich, ja, datt hat vielleicht gedauert, son Kint schiebense ja alle anne Kasse hin un her bis datt ma drankommt, un dann kamet un hatte de teure irische Goldbutter geholt für zwei Maak neunzich statt de billige Weihnachtsbutter, da bin ich aber fast in Ohnmacht gefallen, glaumse datt, mußtich selber widder rein un umtauschen, aber gezz habbich vierensechzich Päckskes.

Ja.

Watt machich mit vierensechzich Päckskes billige Weihnachtsbutter, sagense ma? Ich eß ja keine Butter. Willi daaf nich, wegen sein Herz. Unser Inge mach keine Butter, is ihr zu fettich. Aber ich hab gedacht, eine Maak siebenfuffzich, so billich kriegen werse nie wieder, Else, nimm mit, watte kriegen kanns un nu steh ich da mit vierensechzich Päckskes. Zu Weihnachten kann ich die auch schlecht verschenken, wie siehtatt denn aus, Butter zu Weihnachten. Höchstens für unser Omma, schön in Papier mit Tannenzweige drauf. Aber sonz? Im Kühlschrank krich ich noch zehn rein, de Truhe is vollgeprofft, gut, schomman Stich Butter am Grünkohl, Plätzkes werd ich backen mit gute Butter, aber sonz –

Da essen wir ja ewich dran, vierensechzich Päckskes.

Ach, flöt drauf, is egal gezz, wennse schomma watt billiger abgeben, dann muß man datt auch mitnehm, un deshalb lauf ich gezz wirklich noch rasch nach Kaisers Kaffee hin un hol noch vier, dann habbich achtensechzich. Obwohl …

(für die deutsche Hausfrau)

Handwerker

In unser Klosett, da brauchen wir son Wentilator für zum bessere Luft machen, nä, ich ruf bei ein Handwerker an un erklär datt, un wie er kommt, hatter nix dabei. Er kuckt sich datt an un sacht, ja, da mussen Wentilator rein, den mußich ers ma holen fahren, ich sach, Männeken, den hättense ja auch gleich mitbring könn, deshalb habbich ja schließlich nache Firma hintellefoniert – warer beleidicht un kam an den Tach ga nich mehr, nä.

Zwei Tage später kommten Kollege un kuckt sich den Lokus an un sacht, is datter Lokus, wo der Wentilator rein soll? Ich sach ja, un, watt is, hamsen dabei? Nä, sachter, ich wollte mir datt ersma ankucken, mußich gezz holen – un ich zahl jedesmal de Fahrt, nä, ich sach, verdorri, Ihren Kollege wa doch schomma da un hat sich datt angekuckt, hatter Ihn dattenn nich erzählt? Frau, sachter, wir ham dreizehn Angestellte, glaumse, dattie nix Besseres zu tun ham als über Ihren Lokus zu reden –

Kannze dich schwaazärgern mit so Brüder, aber wennze watt sachz, kommse ga nich, deshalb wa ich eintlich ganz froh, wie gezz de Regenrinne kaputt wa un datt mußte dringend gemacht werden, weil ja datt Wasser sonz anne Wände runterläuft, un da sacht Willi: ich kenn so Handwerker, die machen datt gezz nache neue Aat, weiße, Else, kein Scheff mehr un sowatt, junge Leute, preiswert, ham auch datt Gerüst selber un machen alle so Aabeiten, die ham auchen Lastwagen un nehm de alte Regenrinne gleich mit, Montach fangense an.

Montach wa schön Wetter, kam aber keiner. Willi, sarich, ich will ja nich drängeln, aber watt meinsse denn, wann die komm? Nu laß die Jungens doch, sachter, die komm schon, die ham ehmt kein Scheff mehr, derse schickaniert un um acht Uhr auffe Aabeit treibt –

Nammittachs kamse dann, ja, sachter eine, Frau, wa so schön Wetter, da sind wer heute morgen lieber nache Badeanstalt hin, hamse ma'n Kasten Bier?

Ich en Kasten Bier hingestellt, dann hamse anne eine Seite datt Gerüst aufgebaut un dann sindse für den Tach ers ma widder weck. Nächsten Tach hamse de alte Regenrinne abgemacht un im Gaaten gelecht, die holen wer dann, wenn wer den Lastwagen widderham, Frau, sachter eine.

Et wurde Mittwoch, Donnerstach, Freitach, et wa

am Rechnen, nu hatten wer ga keine Regenrinne mehr un alles anne Wände runter un ich sach zu Willi, Willi, sarich, is dattie neue Aat? Da kannich aber drauf feifen. Freitach nammittach kam einer, meine Fresse, sachter, watt läuftatt anne Wände runter, ja, da muß gezz aber wirklich ma watt gemacht wern, aber wissense, mein Kumpel, der wa de letzten Tage sowatt von besoffen, der wär ja glatt von Gerüst runtergefallen, un datt wollnse doch aunnich? Sehnse.

Ich innerlich am Kochen, nä, wenn die Brüder jemals mitte Regenrinne fertich werden, dann geh ich Kerzen stiften, sarich zu Willi, un er sacht, mein Gott, wattu dich immer aufrechs, datt is ehmt die neue Aat, alles mehr so frei, datt is viel besser fürm Gemüt wie früher die Schinderei. Für wem sein Gemüt, sarich, meins oder der ihrs? Ham wer noch Krach gekricht, nä, jedenfalls, dann kamense widder un sachten, Frau, legense ma ne elektrische Schnur raus, wir brauchen Strom, un ich lech ne Verlängerungsschnur auffem Dach un denk, endlich, gezz gehtet los, aber den Strom brauchtense fürm Radio, weil de Batterien leer warn un ohne Rockunrollmusik könnse überhaupt nich aabeiten – ja, leck mich doch inne Täsch mitte neue Aat, Handwerker, datt is immer derselbe Ärger, obse nu nache alte oder nache neue Aat aabeiten.

(für Jochen Schneider)

Alt werden is aunnix

Unser Omma is ja gezz über siebzich, nä, un so rüstich wiene Diplematengattin is die aunnimmehr, hörnse ma, die konnt sich ja nu nich datt ganze Leben flegen un alles. Ich weiß datt alle, un trotzdem bringtse mich manchma am Verzweifeln, glaumse datt, passense auf –

Neulich gehtatt Tellefon, nä, wa Omma. «Else?» schreitse, die schreit immer so im Tellefon, weilse selbs schlecht hört, un ich sach Omma, schrei donnich so, watt is? «Else», schreitse, «ich steh hier inne Zelle.» In watt fürne Zelle denn, sarich. «Ja», schreitse widder, «anne Klarastraße inne Tellefonzelle, ich steh hier in Schlüffkes un kann zu Hause nich rein, weil die Tür is mich zu.»

Ich sach, ja Omma, hasse denn kein Schlüssel bei?

«Nä», schreitse, «ich bin ja nur raus mitten Katzensand un da is mich de Tür zu, un nu steh ich hier in Schlüffkes un …»

Ich sach, ja Omma, is ja gut, hasse denn deine Herztroppen heute morgen genomm? Ja, hasse? Na, datt is doch schomma gut. Un dann, Omma, in son Fall, da musse nich mich anrufen, da musse den Schlüsseldienst anrufen, die komm dann un machen de Tür auf. Datt machze gezz, hörsse?

«Kann ich nich», schreitse, «ich hab doch ga kein Geld bei, ich bin doch nur raus mitten Katzensand un steh gezz hier in Schlüffkes, un die zwanzich Fennich für nach dich zum Hintellefonieren, die hat mir ein netten Herr gegeben, der is aber gezz mitten Bus nachen Stadtwald, watt soll ich denn gezz machen, Else, ich steh doch hier in ...»

Ich sach, ja Omma, ich weißet ja gezz, nu ma ruich Blut. Gezz gehsse in deine Schlüffkes schön widder nach Hause hin un ich ruf den Schlüsseldienst an, der kommtann un macht auf, musse bloß schön vor de Tür waaten, nä?

«Ja», sachtse, «is gut, wenn ich dich nich hätte, Else.»

Ich sach, Omma, häng ein, dattich den Schlüsseldienst nu auch anrufen kann ... Un dann ruf ich da an, nä, war nur die Frau da. Also, sachtse, mein Mann is unterwechs, datt kann zwei Stunden dauern, muß scheinz Vollmond sein oder watt, überall stehn de Leute draußen un ham kein Schlüssel, müssense schon waaten, aber ich schreibse auffe Liste.

Ich denk so, verdorri, gezz steht unser Omma da vor de Haustür un is am Waaten, datt gehtoch aunnich, musse doch wenichstens Bescheid sagen, aber nu wa unser Wagen inne Repperatur, nä, watt willze machen – ich en Taxi angerufen un nach unser Omma hingefahren, kost zwöllef Maak, datt Taxi, un ich sach de Omma dann so wie et is un sach: Omma, kannze denn nich ma son klein Reserveschlüssel hier in Gaaten verstecken, falls datt nochma passiert? Ja, sachtse, mach ich, Kint. Wenn ich nur ers drin wär, ich glaub, ich hab den Herd an ...

Auch datt noch, sarich, Omma, du bis aber auch schusselich!

Ja, Kint, sachtse, komm du ma inne Jahre, da is man nich mehr so fix mit alles wie inne Jugend …

Also, ich machet gezz ma kurz, nach zwei Stunden kommter Herr von Schlüsseldienst, macht eima ratsch, de Tür is auf, kost zwanzich Maak, aber wenichstens wa der Herd nich an. Ja, un watt sollich Ihn sagen, gestern ruftse schon widder an. «Else? Ich trau et mich ja ga nich sagen, aber ich steh hier inne Zelle …»

Ich sach, Omma! Nu mach mich aber nich verrückt! Hasse denn kein Schlüssel in Gaaten versteckt, wie wer datt lang un breit besprochen ham?

«Doch», schreitse, «gleich an selben Tach, aber den kannich nimmeh finden, weiße, den habbich so gut versteckt, datten keiner findet, un nu warich draußen am Fegen, un da is mich de Tür zu un gezz steh ich hier in Schlüffkes …»

Also, dattselbe Lied von vorne, nä, un wie et vorbei war, sarich zu se, Omma, sarich, kumma, datt passiert doch nu scheinz öfter, gezz laß wer doch ein Schlüssel nach datt Frollein Mewes von gegenüber hintun, die is viel krank un immer zu Hause, da kannze dann schellen, wennze widder –

«Nä», sachtse, «Else, niemals. Zu diese dösige Hippe geb ich mein Schlüssel nich hin, die is mir zu schusselich, un dann steh ich ers recht da.»

Ja, un dann hab *ich* unser Omma sein Reserveschlüssel mit nach Hause genomm, un wissense, watt gezz is? Gezz bin ich seit drei Stunden hier rum am Suchen, wo ich den hingetan hab, un jedesma, wenn datt Tellefon klingelt, habbich Angst, dattatt unser Omma is un schreit «Else? Ich steh hier inne Zelle in Schlüffkes un die Tür is mich zu ...» un dann muß ich sagen, dattich den verfluchten Schlüssel nich find ... Ha, alt werden is aunnix, glaumse datt?

(für Paula)

Liebe ohne Dingens – äh – Sex

Hörnse ma, ich wollt noch schnell über ein Thema, also, datt is gezz mehr so frei, ja – nä. Ich muß andersrum anfangen.

Inne sechziger Jahre, da gabet doch sonne Welle, wose auf eima alle nackend – – nä, so gehtet aunnich.

Kuckense ma, dabei is dattoch ganz eimfach, die Ehe, nä, nehmwer gezz ma die Ehe. Watt is datt alle? Datt is ja nich nur bügeln un kochen un waschen un einkaufen un putzen un fernsehen un sonntachs nachen Fußballplatz un Silvester nache Operette, datt is ja auch trautes Heim Glück allein, eigener Herd Goldes wert, Kleinwagen, Tisch, Sitzgruppe, Auslegeware, Schrankwand, Doppelbett. Doppelbett. Ja, früher noch mit

Ritze, heute mehr so ohne, inne letzte Zeit aber schon wieder mehr mit, weil, äh, also, mit diesen Sex da, datt hört gezz auf. Sagense. Schreibense inne Zeitung. Habbich selbs gelesen. Mitten Sex, datt wa ma, datt hätte nu jahrelang durche Schlafzimmer getobt, un mit den Stress wär gezz Schluß, neue Einkehr wär gezz angesacht, mehr so nach innen kucken wie auffem Busen, ja gezz sind Sie dran.

Sintie noch gescheit? Ers bemühense sich jahrelang werweißwie mitte sexeelle Revelution, nä, alles nakkend, alles offen überm Tisch, jeder mit jeden, alles wa erlaubt, immer mußtet NOCH freizügiger sein, nä, NOCH freizügiger, kennse doch noch, die Anzeigen alle, «gleichgesinntes Ehepaa sucht ebensolches» oder so, un immer alles NOCH freizügiger, wir verstehn uns, nä, Kinno voll Pornos, Nackte wosse hinkucks, als normale Gattin un Hausfrau warsse ja schon ganz fertich, wennze bloß ma ne Illustrierte aufgeschlagen has, alles knackich un immer Atikkel, wiesset machen sollz gezz un datte als Frau aunnimmehr gemütlich unten liegen daafs – mein Gott, watt habbich oft Angst gehabt, datt mein Willi gezz auch ma mitten Sexbomber nach Bankok hinwill un auf Abenteuer, un nu auf eima heißtet aus, Schluß, vorbei, Busen wieder rein, Schluß mitten Sex, nur de Seele zählt un Sex brauchter moderne Mensch nich, Enthaltsamkeit inne Betten is gesund un man kommt auch ohne DATT EINE kommt man aus …

Sex ist out!
Endlich! Es wird wieder geschwein-igelt!

Ja, sintie Leute noch gescheit? Ers hü, dann hott, ers alles, gezz nix, ers wer weiß wie frei, gezz möchlichst widder in Dunkeln auffe Bettkante ausziehen, wenn überhaupt – aber nich mit mir, Sie. Nich mit Else Stratmann. Ich laß mich donnich alle naselang umerziehen, Röcke lang, Röcke kurz, Busen raus, Busen rein, Willi, sarich zu mein Gatte, datt wer uns kla verstehen: diesen Zirkus machen wer nich mit. Komm du mir ja nich aufeima mitte neue Innerlichkeit, datt hat sich doch bestimmt widder de CDU ausgedacht, un ma is Schluß. Alles ändert sich dauernd – wo Wald wa, is Wüste, wo ne Wiese wa, is ne Autobahn, wo ma der Baum wa, is gezz der Zimmermann, lasset wenichstens in unser Schlafzimmer alle normal bleiben – komm, gehn wern bißken kuscheln …

Schönheitsfaam

Gestern kommt nach lange Zeit de Dohrenkampsche ma widder im Laden, ich sach, huch, Frau Dohrenkamp watt sehn Sie abber gut aus, waanse auf Kur oder watt? Nä, sachtse, Frau Stratmann, stellnse sich vor, ich wa in ein Biofitschönheitscenter auffe Schönheitsfaam, jaha.

Watt, sarich, Schönheitsfarm, datt ham Sie doch ga nich nötich – also, datt habbich so gesacht, nä, weil die is ne gute Kundin, die essen viel Rinderfillee da zu Hause un sonntachs Kalbsbraten, un beide Kommion vonne kleine Marion hatse alleine für zweihundert Maak Wurst un Schinken un Fleisch bei uns gekauft, da musse dann auch schomma watt sagen, watt ein sonz eintlich nur schwer über de Lippen geht, nä, also, sarich so, datt ham Sie doch ga nich nötich, Frau Dohrenkamp –

Hach, Frau Stratmann, sachtse, datt weißich alle, aber watt mein Gatte is, der hat mir doch zu Weihnachten son Gutschein geschenkt, wo man da mit nach hinfaahn kann, eine Woche im Biofitschönheitscenter, un da wa ich gezz, man siehtet, nä?

Ja, sicher, sarich, gut sehnse aus, aber Sie waan ja vorher auch geflecht – un ich denk so, du dösige Hippe, du kannz *wohnen* in ein Schönheitscenter, dann siehsse immer noch wien Schrubber aus, jedenfalls, sie sacht Frau Stratmann, watt soll ich Ihnen sagen, datt wa herr-lich, eimfach herrlich da, Zimmer mit Faabtefau un Minnibaa, Hotel mit Wirlpuhl un Sauna –

Ich sach, Wirlpuhl? Watt soll dattenn sein?

Ja, sachtse, alles so kribbelich, Wasser watt so kribbelt anne Beine, datt is gut fürde Haut un dann Solarium für zum Braunwerden, ich wa überhaupt nich anne Luft, immer nur in dies Solarium, aber könnse ma sehn, nä, sonne gute Faabe bloß ausse Steckdose. Ich sach, passense auf, Frau Dingens, datt soll ja ga nich gesund sein sowatt, och, sachtse, watt is denn heutzutage schonnoch gesund, krisse doch alles Krebs von, egal watte machs, un dann wa immer Massage, nä, un Billjaad un Fitneßraum, also Frau Stratmann, sachtse, da müssense unbedingt ma hin, ehrlich.

Wieso, sarich, ich bin doch fit, jeden Morgen sechs Uhr ausse Betten un inne Großmaakthalle unnen ganzen Tach auffe Beine, da bleibze von alleine fit, ja, sachtse, aber die Packungen, nä, die würdense aumma guttun.

Wattenn für Packungen? sarich, ja, sachtse, so für auffem Gesicht als Maske für zum Einwirken un dann Gesichtspiehling.

Watt? sarich. Ja, sachtse, Gesichtspiehling, da wirsse so gepellt, nä, alte Haut runter, neue Haut raus.

Tut datt dennich weh? frarich, nix, sachtse, datt wird ja so gepiehlt, wie sollich datt gezz erklären, wie Katoffelschälen, nä –

Wenn ich mir de Dohrkampsche so ankuck, is datten guten Vergleich, nä, Katoffelschälen ...

Ja, sachtse, un dann Regeneration mit Ampullen un liofilisierte Frischzellen ausse Drüse von ein Schaf –

Watt? sarich, Schaf? machsense Sachen, Frau Dohrenkamp, hamse denn da keine Angst, dattse – wie sollich gezz sagen – in den Moment kommt Gott sei Dank de Metzkowitz im Laden, nä, un die beiden ham ja Knies, nä, reden kein Wort mehr zusammen seite Dohrenkamp ihren Ascheneimer ma beide Metzkowitz im Vorgaaten, aber is egal, gehört hier gezz nich hin, jedenfalls, sie nimmtatt halbe Funt Gehacktes un geht un sacht, solltense wirklich ma machen, Frau Stratmann, sonne Schönheitsfaam, Tach.

Un weck isse.

Watt? sachtie Metzkowitz. Ich hör wohl nich richtich. Die Olle wa auffe Schönheitsfaam? Ja, sarich, hatter Alte se en Gutschein für geschenkt. Is logisch, sachtie Metzkowitz, dattse ma ne Woche weck is, weil er watt hat mitte Gisela, die in Konsum anne Kasse sitzt un sippzehn Jahre jünger is, weiß doch jeder, watt erzähltse denn so?

Gott, sarich, watt sollse erzählen, Minnibaa un Sauna un Solarium un Packungen hatse wohl alles gehabt.

So, sachte Metzkowitz, un watt hatse davon? Siehtse gezz velleicht aus wiede Gisela anne Kasse in Konsum? Von wegen. Wie Anneliese Rothenberger siehtse aus. Aber wenn der Alte die schöner fänt, hätter ja mit Anneliese Rothenberger watt angefangen un nich mitte Gisela vonne Kasse aussen Konsum, der läßtonnix anbrennen, der.

Un ich so am Überlegen, ganz ehrlich gezz: würd ich gerne aumma auf sonne Schönheitsfaam gehen? Alte Haut runter? Fitneßraum? Wirlpuhl? Ich kannet mir nich vorstellen. Haut is Haut, da kannze soweso nich raus, un nach drei Wochen is alles widder wie vorher un dafür soviel Geld, nä. Obwohl … EINMAA!!

Einkaufsmarkt

Wie wer von unser Tante Päule neulich zurückkomm, Willi, unser Inge un ich, da kommwer hier bei uns inne Nähe an diesen neuen Minnimaakt vorbei, wissense, wo de große Wiese ma wa mitte alten Bäume, hamse dann alle abgeholzt un Betong gemacht für den Minnimaakt, obwohl wer ja schon drei ham, un Minni is der aunnich, aber hört sich billiger an, jedenfalls, ich sach, Willi, halt ma, ich brauch noch Katoffeln un Petersilie un Waschpulver ham wer aunnimmehr, un ich will da auch ma nache Preise kucken.

Wir da rein, nä, alles neu un schön un auch Sonderangebote, un gleich ein Herr mit sonne schöne Stimme wie Elma Dingens ausset ZDF, sacht durchem Lautsprecher: «Meine Daaaahm», sachter, «hamse denn schon unser Deospray beachtet? Ja da heißtet aber zugreifen, ein einmaligen Spitzensonderpreis von zwei Maak neunendreißich fürde Hundertfuffzichgrammdose» –

Ich sach, Willi, datt is geschenkt, da zahl ich inne Droggerie bei uns anne Ecke mindestens vier Maak für –

Nix, sacht Willi, Waschpulver, Petersilie, Katoffeln hasse gesacht, nu mach auch Waschpulver, Petersilie, Katoffeln un nich noch Deospray, den dann widder kein Mensch braucht.

Ich sach, du Dösigen, meinze ich will unter de Aame

riechen, du velleicht, aber ich nich, un dann binnich los un hab den Spray gesucht, nä – auffen Wech nach da gabet noch wunderba Feuchtichkeitscreme un Heringsfillee zu Schleuderpreise un Isolierkann un Dreifachstecker un schön Klosettreiniger, un ich immer alles feste im Wagen, weil da kannze ja als Hausfrau sowatt von spaaren bei, dann diesen Käse mitte Alpenkräuter drin un Klopapier 800 Blatt un so billige Strümpfe, wosse gleich fümf Paar von nehmen muß, dann kostense fast nix. Unser Inge sachte immer, Mamma, ha, kumma hier, da hamse, sonne schinesische Theke, wattatta alle gibt, laß wer ma Litschies kaufen, ich sach, watt ist dattenn, Litschies, die stehn doch nachher bloß widder rum un kein Mensch willse essen. Nä, sachtse, nimm die ma, Mamma, ich kann den ewigen Appelkompott nich mehr sehn, laß wer domma son bißken Orient inne Küche tun, nu gut, nä, ich die Litschies im Wagen unnoch sechs billige Trinkgläser un Blumerde un Schluffen für Willi, so karierte, un sonne Plastikwanne fürde Wäsche auffem Balkon zum Raustragen, hatten die da alle un sonz rennze wegen ein son Einkauf von Ponzius zu Pilatus, so gesehen is datt praktisch, son Einkaufsmaakt.

Ja, un dann kam der Herr widder mitte schöne Stimme un sachte: «Ja, meine Dam, hamse denn de Schwammtücher schon gesehen, bloß eine Maak neunenneunzich für fümf Stück», un da hatte ich schon Schwammtücher im Wagen reingetan, aber viel teurer – die habbich dann sofort beide Butter gelecht un gesacht Ingelein, los, renn un kuck nache billigen, geh du da rum, ich geh hier rum, un wie ich dann so such nache billigen Schwammtücher, kommich noch anne Backwaren vorbei un alles – Schaumwein hattense auch son schön, jedenfalls, wie ich endlich anne Kasse steh mitten Wagen un unser Inge kommt an mitte Schwammtücher, die kaum noch reinpaßten, so voll wa datt alle, da sarich so zu Willi, meine Zeit, datt hat sich aber schön gelohnt gezz, kumma, alles billich, da ham wer ja mächtich gespaart gezz hier –

Un da tipptatt Frollein de Endsumme.

Dreihundertvierenzwanzichmaakunsechsfennich.

Willi sacht, wo datt gespaart is, datt wüßtich jamma gerne, un ich bin fast in Ohnmacht gefallen, glaumse datt – Katoffeln, Waschpulver un Petersilie willze, un mit Klamotten für dreihundertvierenzwanzichmaak-unsechsfennich kommze raus – da stimmtoch watt nich mitten Minnimaakt!

Oder stimmt watt nich mitte deutsche Hausfrau?

(für mich selbst)

Die Welt des Geistes
(Wissenschaft, Kultur und Bildung)

Einstein

Von Albert Einstein kennze immer nur datt Bild, wo er so de Zunge rausstreckt, nä, un ich sach schon zu Willi, is der dafür eintlich so berühmt geworden, der wa doch irgendwie watt mit Fiesick oder so, nä? Die tun doch immer irgendwie blaues Pulver im Reagenzglas un dann gibtet grünes Licht un is am Explodieren oder so ähnlich – nä, Mamma, sacht unser Inge, wattu meinz, datt is Schemie, Fiesicker, die tun schomma eher de Glühbirne erfinden. Ich sach, de Glühbirne? Die gibtet doch schon? War nur en Beispiel, sacht unser Inge, die ham auch datt Radio erfunden un datte auffem Mond fliegen kannz unte Atombombe un all sowatt.

Ich sach, un der Einstein, watt hatter erfunden, datter so berühmt für is? Inne Zeitung stand nemmich ma, dattatt en ganz schlechten Schüler wa un is durche Prüfungen gefallen un alles. Siehsse, sacht unser Inge, un da recht ihr euch immer auf, wennich schomma schlecht inne Schule bin. Sei du nich so patzich, sacht Willi, der Einstein hatte bloß als Kind Malessen, später is datten ganz Schlauen geworden, da könnze dir leicht ma ne Scheibe von abschneiden. Ich sach, watt wa denn nu aber so schlau an den, kann mir datt nich ma einer verklickern, watt hatter denn nu erfunden?

Willi macht sonne fahrige Bewegung mitte Hand, nä – Der Einstein, sachter, dem seine Ideen ham de ganze Welt verändert.

Watt sintatt denn für Ideen gewesen? frarich.

Gezz laß mich domma lesen, verdorri, sacht Willi. Ich hab gezz Feierahmt un keine Lust, dir dem Albert Einstein seine Dingens, seine Rela – äh, diese Theorie von Realität, vonne Relativetät dir die gezz zu erklären.

Ich sach Donnerwetter, wie heißtatt watt der erfunden hat, watt fürne Theorie?

Willi weiß schon, wenn ich so dranbleib, dann krichter keine Ruhe. Er lechte Zeitung weg, nä, also, sachter. Ingelein, habt ihr denn nix von den Einstein inne Schule durchgenomm?

Doch, sacht unser Inge, mittet Licht, diese Sachen, dattat immer gleich schnell is. Datt hatter irgendwie zuerst gemerkt. Wie, sarich, wie will der dattenn gemerkt ham, wenn ich de Lampe anmach, dann is dattoch immer sofort an, wie will der denn da merken, ob datt immer gleich schnell is, kann doch kein Mensch messen.

Paß auf, sacht Willi, gezz stelln wer uns ma vor, durchem Ozean fährt en Schiff, nä.

Wo sollet denn sonz fahren, sarich.

Ja, willze gezz dem Einstein seine Ideen erklärt ham oder nich, schreiter mich gleich an.

Ja sicher, sarich, deshalb frarich ja, aber ihr kommt ja

von Hölzken auf Stöcksken, unser Inge mitten Licht, gezz fängstu mitten Schiff an –

Datt is alle dattselbe, sachter. Paß auf. Auffen Ozean fährt gezz datt Schiff, un auf den Schiff fährten Fahrrad. Ich sach, gezz hör aber auf, watt is dattenn für ne dösige Geschichte, warum fährtenn auf den Schiff –

Auf den Schiff fährten Fahrrad un hat vorne datt Lämpken an. Un damit datt an is, muß einer treten, wegen den Dünamo, un an dies Schiff selbs brennt auch ne Lampe, un datt Fahrrad fährt, un datt Schiff fährt, unte Erde dreht sich aunnoch, un dem Licht is datt vollkommen egal, datt is überall immer gleich schnell, verstehsse datt gezz?

Nä, sarich.

Also, sacht Willi, machen wer en anderes Beispiel. Energie un sowatt, nä, un Masse, verstehsse, datt is immer alle relativ, nä, Ingelein?

Tja, sacht unser Inge, also 'n Killo is immer 'n Killo, datt stimmt.

Ja, sacht Willi, genau, datt is dem Einstein seine Dingens, diese Relativetätstheorie da: obse en Killo Blei nimms oder 'n Killo Watte, datt eine is zwa mehr wie datt andere, is aber alle relativ, Killo is Killo, so, un nu laß mich lesen.

Ich überlech noch so, nä, un dann sarich, Willi, weiße watt? Gezz gehstu ma im Gaaten un ich bleib hier ohm un dann tu ich ma dem Albert Einstein seine Idee, die de Welt so verändert hat, tu ich die ma ausprobieren.

Ich schmeiß dir nemmich ersma en Killo Watte auffem Kopp un dann en Killo Blei, un dann sachstu mir ma, watt relativ weher tut – fallze dattann noch sagen kannz. Un dann streckich nemmich aumma so de Zunge raus wie der immer!

(für Peter Stockinger)

Goethe

Den Goethe mach ich ja ma zu gerne, Sie, ich hab überhaupt als Kind gerne schomma so Sprüchskes gelesen, wir hatten ja auch alle son Pösiealbum, wo man watt reinschreiben mußte, un da wa dann meist viel von Goethe – waatense ma – «Wer nie sein Brot in Bette aß, der weiß aunnich –» nä, der ging anders, ach ja, mit Tränen watt: «Wer nie sein Brot mit Tränen aß, der weiß aunnich, wie Krümmel drücken» – nä, datt gibt ja ga kein Sinn gezz, na, is egal, Sie wissen schon, wen ich mein, nä, Goethe – inne Schule mußten wer immer Osterspaziergang lernen von Goethe, «von Eise befreit sind Ströme un Bäche», nä, kennse, un hier binnich dann Mensch un daaf datt sein, da hattet der Techtmeier her, nä, «bleibense Mensch», hatter bestimmt von Goethe, höchstens noch von Schiller, mehr gibtet ja schon fast nich, bloß Mozart noch un Simmel. «Heinerich, mir graut vor dir», datt hat unser Tante

Klärchen immer zu ihren Gatte gesacht, wie der noch lebte, un datt wär auch irgendwie von Goethe, also ganz eimfachen Spruch, eintlich, un mit sowatt is der so berühmt geworden, könnse ma sehen. Der kleine Hansgürgen von Kaatenkämpers, der studiert ja Deutsch für zum Lehrer werden, un der hat fümf oder sechs Bücher, alle von Goethe, da könnse ma sehen, watter Mann fleißich wa. Dabei soll der noch immer hinterde Frauen hergewesen sein wie Nachbas Lumpi, unser Inge sacht, datt gab keine Farrerstochter dammals, wo der nich im Vorbeigehen ma rasch auffem Hintern gepackt hätte, datt könnter sich heute aunnimmehr leisten, aber andrerseits, wo gibtatt aunnoch Farrerstöchter, ma so gesehen, nä. Tja, der Goethe. Unser Omma kam neulich mit sonne Reformhauszeitung an, Else, sachtse, du machs doch den Goethe so gerne, kumma, hier stehen dem seine Lieblingsrezepte drin, willze datt nich aumma kochen?

Ich sach, wieso, meinze, dann lernt Willi Gedichte schreim? Hier, sachtse, Frankfurter grüne Soße –

Ich sach, wie, bloß Soße, hatterde Soße alleine gegessen, sonz mit nix?

Warum dennich, sacht Willi, früher wa doch alles anders, andere Klamotten, andere Sitten, warum sollnse nich auch de Soße alleine gegessen ham?

Mit Jochhurt, sarich, un Pimpinelle. Jochhurt machs du doch ga nich, un kann mir ma einer erklären, watt Pimpinelle sein soll? Watt hatter denn noch gegessen, datt kann mir doch keiner erklären, datter mit Soße alleine fümf, sechs Bücher schreim konnt.

Salbeiblätter frittiert, sacht unser Omma un zeicht mir datt Rezept, ich sach, Salbeiblätter? Blätter? Wa dattenn en Hase, der Goethe? Watt gibtet denn an Blätter groß zu essen? Datt sollich Willi ma vorsetzen, da wär aber watt los, Salbeiblätter in Teich gebacken un mit Mangomus dazu – Mangomus! Ja, gezz werdich doch nimmehr, Mangomus!

Wa datt auch son dusseligen Feinschmecker wiese heute sind, dattse statt Appelkompott Apfelschnee sagen müssen un statt Bratkatoffeln Pommes Prinzeß?

Kumma, sacht unser Omma, Rührei mit Kerbel hatter auch gerne gegessen, aber nur mit echtes Vollmeersalz un Muskatblüten dran.

Wie, sarich, kein Fleisch? Hatter Mann nie ma'n anständigen Schweinebraten gegessen, kein Schinken, keine lecker Mettwürstkes mit Grünkohl? Kein Kotlett? Kein Schwattemagen? Watten Hungerleider!

Ja, sacht unser Omma, isser aber trotzdem schön alt bei geworden, kumma, anne achtzig.

Un, watt hatter davon, sacht Willi, gezz isser auch schon lange tot mit seine Pimpinelle un seine Jochhurtsoße, der mach ja schöne Gedichte un Sprüche erfunden ham, dein Goethe da, Else, aber vonne gute Küche hatter scheinz nix verstanden.

Ich sach, ja, weiße warum? Weiler immer Junggeselle wa un inne Wirtschaft essen mußte, watt grade auffe

Kaate stand. Der hatte keine Else zu Hause, die schomman leckern Leineweberfannekuchen gebacken hat odern schön Bratwürstken, da siehsse ma, wo datt hinführt, hieren Krösken un da en Krösken – Mangomus un Rührei un dann berühmt un tot, sei du ma froh, datte Willi Stratmann bis un nich Johann Goethe!

Moderne Technik

Die Blagen wern auch immer anspruchsvoller heute, hörnse ma. Neulich geh ich in son Radiogeschäft, weil ich für unser Omma son klein Kofferradio für am Bett kaufen will, nä, wissense, son ganz eimfachet, nix Sterero un watt man gezz alle so hat, nä, ein Knopp für an un aus un laut un leise, ein Knopp für UKW un Mittelwelle, wenn datt Lämpchen brennt, is an, wenn datt Lämpchen aus is, is aus un fertich, unser Omma kommt ja mitte moderne Technik soweso nich so kla, un soll ja auch immer alle nich so teuer sein, jedenfalls, ich kuck mich so um, aber de Fachkraft wa grade beschäfticht mit ein Ehepaa un dem sein Sohn, wie alt mach der gewesen sein, na, elf, zwöllef, sowatt velleicht, Tommy, nä. Wahscheinz hieß der Thomas, aber heutzutage sagen ja selbs de eigenen Eltern zu ein Sohn Tommy, wenner eintlich Thomas heißt, soll ja alles immer modern sein, nuja, also – der Junge sollte wohl'n

Plattenspieler kriegen, aber der wollte kein eimfachen Plattenspieler, nänä, datt sollte einen Turm sein mit alles dran, Tjuner, sachter, un Verstärker un Kassettendeck un Dreikanalboxen un Plattenwiedergabeautomat. Der Vatter wa schon glasich am Kucken, nä, un immer auffe Preise am Linsen, Kint, sachter, kumma, hier aus Japan, da is alles in ein Stück, Radio mit drin un is auch nich so teuer.

Nä, Pappa, sachter Tommy, kein Koreaschrott, da kannze mich nich mit fangen, ich will watt vonne solide deutsche oder ammerikanische Firma un datta hat ja bloß ne Sinusleistung von 90 Watt, da hat ja soga den dösigen Patrick schon 120. Datt brauch ich mindestens, sonz is der ganze Saund im Aasch.

Die Mutter schmiert ihm eine, nä, wo is der Saund, sachtse, datt willich nich gehört haben, datt Wort. Is kein Saund, sachter Tommy, bei 90 Watt hasse null Saund, un überhaupt, sachter zu den Verkäufer, watt hattie Kiste denn drauf, Direktdrive oder Riemenantrieb mit Rutschkupplung? Un watt is da mitten Kassettendeck, hattatt Direktloading unnen vierfachen Bandsortenschalter oder aunnich? Memory un Dolby brauchich ja wohl nich extra nach fragen, sonz könnse ja de Rauschunterdrückung im Kamin schreiben.

Der Vatter wa am Schwitzen, nä, hat sich schomma diskret abgesetzt nache Abteilung mit Faabfärnsehen, de Mutter kuckt mich an wie ich da so steh un sacht: ha, watt is datt schwierich mitte Kinder, ich wollt un-

sern Tommy zu sein Geburtstach ja eintlich datt lustige Spielesortiment schenken, Mensch ärger dich nich, Halma, Mühle, fang den Hut, alles in ein Kasten, aber er willen Plattenspieler, un da versteh ich doch ga nix von, wie ich jung wa, hattich son roten Koffer, konnze mit im Strandbad nehm, un wennze den Dekkel aufgemacht has, wa der Lautsprecher drin, aber sowatt gibtet ja heute alle ga nich mehr.

Der Tommy wa immer noch mitten Verkäufer zugange, Meister, sachter, datt wissense doch wohl, datt Transistorverstärker in Gegensatz zu ein Röhrenverstärker wesentlich höhere Gegenkopplungsmaßnahmen erfordern, schon konstruktionsbedingt, un wo hamse denn eintlich de Dreiweg-Baßreflex-System-Boxen?

Der Verkäufer wa mitte Nerven auch schon ziemlich weit runter, nä, er versuchtet aber nomma –

Junge, sachter, kumma, für dein Zimmer is hier die Anlage doch schön, die dein Pappa auch gefällt un is nich so teuer, monacobraun un de Boxen mit 15,2 Litter, watt willze denn mitne 150-Watt-Box mit ein Frequenzbereich von 30 000 Hertz un 62 Litter, da falln euch ja de Wände ein, datt is doch viel zu laut. De Mutter fracht noch: huch, Litter, wattenn für Litter? Aber der Tommy ziehtse schon weck, nä,

Mamma, sachter, laß wer gehn, der Tüp scheckt datt überblicksmäßich nich, un dann sindse raus.

Un ich stand da un denk so, meine Zeit, watt wa ich

glücklich dammals mitte erste Schallplatte von Freddy Quinn in unsere Musiktruhe. Unte aam Blagen heute – kein Wunder, dattse Stress ham, wennse sich soviel Technik merken müssen für ein einzigen Plattenspieler …

Zauberflöte

Wir ham ja schon lange kein Abonnemang mehr für de Oper, nä, dabei hatten wir ja früher ma jahrelang dienstachs grün, aber jedesma mußtich mich im Brokatkleid zwängen, nä, un dann wa datt immer so heiß da un krisse kein Paakplatz, also wir kucken Oper gezz ja mehr in Fernsehen, hasse deine Ruhe, kannste Füße hochlegen un Bütterkes bei essen, is doch bequemer, sagense selbs. Datt letztema, wie wir inne Oper waren, warn wer auch sehr enttäuscht, ja, doch, datt gab de Zauberflöte, nä, Mozart – aber sonne dusselige Handlung, Sie! Die Musik is ja ma schön, aber de Handlung … also, sowatt gibtet doch alle ga nich in Wirklichkeit. Passense auf, da eilt son Prinz durchem Wald, nä, musser fliehen vorne Schlange, watt weiß ich, un wird aber gerettet von drei Jungfrauen, die sind am Singen beide Nachtkönigin, in der ihr Reich müssen die irgendwie Ordnung schaffen, weil, die Scheffin selbs hat Sorgen, nä, hamse ihr datt einzichste Kint geraubt, un von dies Kint zeichtse ihm dannen Foto, un er am Singen «Dies Foto is ja furchba schön, sowatt habbich nie gesehn» un so, un sie singt ganz hoch, nur so Töne, ga keine Wörter mehr, also nich schön, wennse mich fragen. Aber er jedenfalls is hin vonne Tochter, wahscheinz siehter ja auch, dattie Olle gut betucht is, un warum soller nich mitnehm, watter kriegen kann – also, er macht sich auffe Socken un geht am Suchen, wo datt Kint wohl is. Ja, aber fragense mich nich, wo der Mann gezz überall hinmuß! Durchem Feuer muß er gehn un nach so Priester, un dann sind alle schwaaz, als ob datt in Affrika wär, un hinter uns immer sonne schwindsüchtige Hippe, die dauernd zu ihrn Freund sacht, paß auf, Lotha, gleich komm de heiligen Hallen, un da habbich mich dann rumgedreht un gesacht, Frolleinchen, wenn datt so heilige Hallen sind, dann lassense di auch ma heilich bleim, nich datt mein Gatte noch eingreifen muß, weil sie da dauernd am Schnattern sind – obwohl, hätte mir eintlich auch egal sein könn, wa sowieso alles Kokkelores inne Oper, nä, gut, diesen Pappa Geno da, der wa noch ganz nett so als Vogelhändler, aber da gefällt mir auch de Operette besser, nuja, jedenfalls an Schluß krichter die, er findet die bei son Herr in heilige Hallen, un der gibtie dann auch raus un hatter Glück, weil die mach ihn auch gleich gut leiden. Datt hätte ja auch anders komm könn, dattse sacht, nä, Prinz, machne Mücke, ich geh schon mit ein ausset Faabengeschäft unten anne Ecke – aber in so

Opern is immer alles mit Moral un so, wenn einer ein will, den krichter auch un der will dann auch, ehmt anders als in Leben, deshalb hatte Kunst mitten Leben ja auch nich soviel zu tun un is nur für dienstachs grün un nich für jeden Tach fürm Alltach – wo warich? Ach ja, der krichtie, un gezz stellnse sich ma vor, watt wir enttäuscht wan, datt wa doch nu von Mozart, nä, un da ham die datt schönste Lied, wo ich mich en ganzen Ahmt drauf gefreut hab, datt ham die einfach glatt VERGESSEN! Ham die nich gespielt! «Reich mir die Haaaaand, mein Leeeeeben, komm auf mein Schloß mit mir –» son schönes Lied, hamse nich gebracht, un dafür sitz ich den ganzen Ahmt da rum, nä, un da ham wer datt Abonnemang dann wirklich gekündicht un kucken gezz lieber immer de schön Opernabende in Färnsehn, wose nur de berühmten Lieder bring un du muß dir den ganzen Kokkelores drumrum nich immer mit ankucken.

Martin Lutter

Irgendwatt muß dran sein an den Martin Lutter, sonz hättense den nich neulich bloß wegen irgendein paahundertsten Todestach oder Geburtstach widder auss Versenkung geholt un ein Jah lang son Bahei drumgemacht. Der Mann is werweißwielange tot, nä, un kein

Mensch redet von den, un plötzlich nix wie Lutter in Färnsehn un inne Zeitung un überhaupt, manchma denk ich so, velleicht is in 200 Jahre aumma plötzlich datt große Else-Stratmann-Jah, wose dann endlich wissen, wattse an mir hatten wie ich noch da wa, muß man ja in dies Land scheinz tot für sein. Der Martin Lutter sitzt sicher da ohm irgendwo in Himmel bei sein lieben Gott un kuckt runter un sacht, ja, ihr Dösköppe, dammals warter mich dauernd am Verbannen un gezz aufeinma groß feiern un vonne Kirche laßter euch immer noch im Bockshorn jagen, un wenn der Papst sacht, de Aamen wärn zu aam, dann frachtern nich, watt er in sein Wattikan alle angehäuft hat, wo erse en bißken reicher ma mit machen könnte.

Daaf der da überhaupt rein im Himmel, der Lutter? Die sind ja da oben alle katholisch, un der hat ja evangelisch erfunden, datt gabet ja vorher nonnich, deswegen hatter ja auch dauernd Knies mitten Papst gehabt dammals, is kla, den hattatt nich gepaßt, de Schäfchen nache Konkerrenz abwandern sehen. Dabei wa der Lutter ja soga ers Mönch, nä, richtich im Kloster mit kasteien un alles, un später isser dann da raus un hat sich verbessert mit Wein, Weib un Gesang, wie datt inne Bibel immer so schön heißt, un kann man verstehn, dattie Kirche datt nich richtich fand. Aber nuja, der Lutter fand ja aunnich alles richtich, wattie Kirche sich so ausgedacht hat, nä – diesen Ablaß, datt wa ja dammals Mode: immer feste sündigen, wa egal, Hauptsache hinterher schön anne Kirche bezahlen, hasse auch ne Quittung für gekricht, Sünden vergeben, fertich, Stempel, Unterschrift von Papst, un der Sünder wa am Lachen unter Papst hatte de Kasse schön voll, also wir müssen uns über dem Flick seine Pateispenden ga nich so aufregen, nä, neu is datt alle nich, datt geht schon quer durche Jahrhunderte so. Aber nich mitten Lutter, nä, der hattann dammals gesacht, Ablaß, wo gibtet denn sowatt, watt is dattenn fürm Beschiß, un dann hatter de Prothesen anne Schloßkirche genagelt aus Protest un da wa de Karriere als Mönch soweso inne Binsen. Datt is wie heute, wennze sachz, watte vonne Obrichkeit hälz, krisse auch ein auffem Deckel, oder meinse, die lesen datt zum Beispiel gerne, watt ich hier schreib? Briefträger dürftich auch schon lange nimmeh werden, aber will ich ja nu aunnich, wo warich?

Ach ja, der Lutter, nä, ab in Acht un Bann, Berufsverbot, aus, zappenduster, weck nache Festung, un da saß er dann un hatte nix zu tun un hatte Bibel übersetzt, wenn der Tach lang wa, sonz könnten wir die heute nonnich lesen, wa ja alles auf lateinisch, nä, damittatt Volk nich dahinterkam, datta auch watt für de Aam drinstand, ja, un da is de Kirche dann gespalten von in katholisch un evangelisch, deshalb hamse in Irland heut noch Kriech, un nu kommter Ayatollah aunnoch un sacht, nix, bloß seine Rellion wär richtich, ja, wattennu?

Ich sach so zu Willi, kumma, der Lutter, ein Männeken alleine un gründet ne ganze Kirche, un du? Sitzt in Schluffen vor de Färnsehkiste un bis Sportschau am Kucken, nehm dir ma ’n Beispiel, watter Lutter fleißich wa. Un der wa auch Optemist, Sie, deswegen gefällt mir der Mann auch so gut, der hatte ein son schön Sprüchsken drauf, wenn morgen de Welt unterging, wollte er vorher trotzdem nochen Appelbaum flanzen, un so denk ich auch: sollnse doch rüsten un machen mitte Bomben wattse wolln, mehr wie grämen kannich mich nich, ich putz heute noch de Fenster un koch Appelkompott, watt ja nich heißt, dattich nich dagegen wär. Aber immer nur dagegen sein kannze ja nich, Lehm muß ja auch weitergehn, un soga Lutter hat zwischendurch ma ehmt de Bibel übersetzt, sehnse.

Eliteschulen

Watt halten Sie dennu von diese Idee mitte Eliteschulen, wose nur de Besten hinlassen für zum Nochbessermachen?

Eintlich daaf datt inne Demmekratie ja nich sein, auffen Papier sind wer ja alle gleich, nä, tja, aber ehmt in Kopp scheinz donnich, deshalb hamse ja auch mit alle diese Sachen so Malessen, Demmekratie, wose gleich sein sollen, Kommenismus, wose gleich sein müssen un wehe wenn nich, un ich mein, dattet überall Dusselige un Schlaue gibt, da führt ja nu ma kein Wech dran vorbei: Kuckense, ich als Kind inne Schule, mein Gott watt wa ich schlau, nä, die Lehrerin hat immer gesacht, also unser Else, ich hab den Satz nonnich fertich, da weiß die schon wattich sagen will un kwasselt mir dazwischen, der müssenwer de Schnüss nomma zubinden, ja, so wa ich, un gezz kuckense Brenningmeiers Gisela, so doof wien Eimer, bloß Turnen un Rellion sehr gut, also ich wär ehrlich gesacht als Kind auch auffe Eliteschule besser aufgehoben gewesen wär ich, ja. Da hättense mein Talent gefördert un wär ich velleicht auch Ansagerin in Färnsehn geworden oder Familienminister, aber dammals gabet ja nur Volksschule un ab inne Lehre, un heute ehmt Elite.

Billich is datt nich, hätten wir uns aunnich leisten könn. In Ingolstadt gibtatt schon sonne Eliteschule, kost 1100 Maak in Monat – Ingolstadt, liechtatt nich in Bayern? Ja sicher. Könnse ma sehn, die widder. 1100 Maak musse auch ers ma ham, für ne aame Waschfrau sein Kind is datt schomma nix, aber fürm Generaldirektor sein Sohn, der kann sich datt leisten un muß aunnich ganz so furchba schlau sein, er soll ja bloß Pappa sein Konzern ma erben, un dafür wirtet reichen, musser schon früh Elite für lernen, für solche is datt mehr so, nä. Un Ärzte. Dies Ingolstadt is für Eliteärzte, die wern da ganz gründlich ausgebildet un müssen auch lernen menschlich fühlen un so, watte ja eintlich von ein Aazt soweso erwaates, aber datt is scheinz nich selbstverständlich, musse schon auffe Eliteschule für gehen, dafür brauchsse dann auch nich Kassenaazt werden. Die 120 Männekes, diese da ausbilden, müssen bestimmt nich nache AOK hin, da lassense uns de andern für, die dir schomma datt rechte Bein amputiern, wennzet eintlich am Blinddaam has.

De Industrie unte Banken unte Firmen tun feste reinzahlen inne Eliteschulen, damitse auch watt rauskriegen fürm Mänätschmeng, damitta nich nachher wieder son Pestalozzi rauskommt un datt alle in Frage stellt, peinlich, nä.

Jaja, Elite unter sich, wissense ja, wer sich datt wieder zuerst ausgedacht hat, nä? Unser Hans-Dietrich, der hat scheinz inne FDP soviel Holzköppe um sich rum, datter immer, wenner den Möllemann ankuckt, denkt: meine Zeit, bißken mehr Elite könnte ga nich schaden. Un hörnse ma, wennet dann so wär, datt uns wirklich aumma de Elite regiert, wenn wer schonne Elite neu züchten, wennse uns datt inne Hand versprechen – bloß noch Elite inne Polletik un nich mehr all die Hungerleider, die sonz nich wissen, wattse werden solln – dann wär ich auch dafür.

Aber nur dann.

Sonz könnse sich ihre Elite am Hut stecken.

(für Genscher)

Die Welt des Fernsehens

Shows

Watt is an Färnsehn eintlich datt Schönste? Könntich ga nich so sagen gezz. De Blusen von Dachma Berchoff? Die hat ja ma einmalich viele Blusen, unnie zweima deselbe, ich sach schon immer, der ihr Kleiderschrank, der muß größer sein wie unsre ganze Wohnung un alles bloß für zum Ansagen, datt in Nahen Osten immer noch Kriech is. Ich überlech auch oft, wer eintlich schöner is, de Dachma Berchoff oder de Ulrike von Dingenskirchen ausset zweite, aber ich weißet eimfach nich. De beliebteste Ansagerin soll ja diese Carolin Reiber sein, die datt «r» so komisch ausspricht, aber watt is nich angeblich alle beliebt, nä, diese Shows ja auch alle. Un ich sitz oft davor un denk: mein Gott, datt waret gezz? Widder mußte ne Hausfrau Begriffe aussen Flanzenreich raten un en Apotheker unnen Volksschullehrer mußten umme Wette kleine runde Kästkes in große spitze Kästkes stapeln oder umgekehrt, dann der unterhaltende Teil, wo meist Ferde aus Wien Walzer tanzen müssen, un dann muß Märi Ross singen oder Hauard Caapendäl, dann sachter Schaumeister, wattat alle fürm dolles Publikum is un wie froh er is, datter grade hier inne Stadthalle von

Wuppertal sein daaf, un gezz hätter nochen Spezialgast, un datt is dann meist einer von Film, der aber auch bloß kommt, weil der Film grade in Deutschland im Kinno kommt un brauchter nochen bißken Reklame für. Un dann tanzatt Ballett un dann muß ein Kandidat noch watt ganz ganz Schwieriget raten, meinzwegen, wie de Hauptstadt von Frankreich heißt un ob de Freiheitsstatue gezz in Winsen anne Luhe steht oder in Neuyork, un wenner datt weiß, hatter 756 Punkte un daaf mitte Gattin nache Balearen, un dann verbeugense sich alle, un wenn wer Pech ham, singtie Mireille Matjö aunnoch.

Un ich sitz davor, wie gesacht. Gut, bei jeden is irgendwatt schön. Der Elstner lobt datt Publikum am längsten, der Fuchsberger hatte schönsten Haare, der Rosenthal is am einfachsten zu verstehen un immer schön gleich, der Bioleck erzählt bloß von sich selber un warumse ihn alle so gerne mögen, datt is aumma watt anderes, un der Carrell is am holländischsten, ma so gesehn. De Kandedaten sind überall gleich, de Fragen auch, meist solln wer ja beide Shows auch watt lernen, unte Sänger sind immer deselben, un ich mein, da könntense doch viel Geld sparen, wennse einma in Monat einen ganzen Tach bloß Show senden würden, wose alle drin vorkomm, wennse bei Rosenthal fertich sind, gehnse nach Thoelke un dann dattselbe Lied nomma bei Bioleck un dann ab nach Elstner un de Kandidaten rüber zu Kulenkampf, un wer et will, kucktet, un wer nich, läßtet, un anne andern Tage bleibter Bildschirm sauber. Sollich datt ma vorschlagen? Aber wen?

(fürs ZDF)

Willi erzählt Simmel

Wie dieser schöne Film in Färnsehn wa von den Simmel, wo Liebe nur ein Wort is, ausgerechnet da konntich nich kucken, nä, an den Ahmt mußtich nach unser Tante Päule hin, die hat ja so offene Beine un da musse dich schomma kümmern, un ich hab Willi eingeschärft: kuck du ja den Film un erzähl mir datt alle hinterher, hörsse? Jaja, sachter, datt kann ich dir gezz schon erzählen ohne überhaupt hinzukucken, is doch immer dattselbe Theater, einer liebt eine un die liebten andern oder so –

Ich sach Willi Stratmann, wehe du kucks den Film nich gescheit, du wirs mir datt genau erzählen, den ein klein Gefallen kannze deine einzige Gattin ja wohl ma machen, aber ich hatte schon sonne Ahnung, dattat nix wird, nä.

Jedenfalls, ich komm inne Nacht zurück un sach, so, erzähl, watt wa gezz in den Film?

Ja, sachter, da wa son jungen Schnösel, nä, zu dusselich fürde Schule un immer auffen anderes Internat.

Un der hatten Verhältnis mitte Gattin von sein Vatter sein Geschäftsfreund. Ja.

Watt sachter Vatter denn dazu? frarich.

Den siehsse doch ga nich, sachter.

Ich sach, woher weisse denn dann, dattat der Vatter is, wennze den ga nich siehss?

Ja, sacht Willi, der is doch immer mitten an Tellefonieren.

So, sarich, unter Geschäftsfreund, weiß der, datta son Krösken am Laufen is?

Ja, sacht Willi, der merktatt ja an den treuen Hund, nä.

Wattenn fürm treuen Hund auf eima, kannze dattenn nich ma richtich nache Reihe erzählen, sarich.

Ja, schreiter, willich ja, aber du läßt mich ja nich, also, da wa son treuen Hund, un der hattat den verraten, dattie da immer nach den Turm hingehen.

Ich sach, un weiter? Watt fürm Turm denn?

Ja, wo der sich dann aufhängt, sacht Willi.

Watt, sarich, der treue Hund hängt sich auf, datt glaubsse doch wohl selber nich.

Nä, der Olliver, sachter, der hängt sich doch auf.

Wattenn fürm Olliver?

Ja, diesen Schnösel da, habbich doch schon gesacht, der datt Krösken mitte Gattin von –

Ja, sarich, aber warum hängter sich denn auf, man hängt sich donnich wegen nix eimfach aus Jux un Dollerei auf?

Binnich der Simmel? sacht Willi, frach doch den Simmel, der hängt sich ehmt auf, weiler denkt, dattie nich mehr kommt, un dann kommtse aber doch, weil die ja aunnich dösich is un weiß, datter ma eines Tages alles erbt un dann sitztse dick inne Butter, un da denktse sich, lieber doch mitten jungen Reichen wie mitten alten Reichen, nä. Ja. So istatt.

Un dann ziehter an seine stinkige Zigarre, obwohl ich schon mir den Mund fusselich geredet hab, datta die Gadin gelb von werden, aber an den Ahmt wolltich nix sagen, damitter fertich erzählt, nä, also, sarich, Willi, gezz ma hier Butter beide Fische, tu mich ma nich verschiffschaukeln, die wern also nich glücklich, der Olliver untie Gattin?

Nä, sachter, der findet doch den Brief nich.

Wattenn fürm Brief auf eima?

Ja, sachter, wo watt drinsteht über sein Vatter.

Ich denk, der is nich da?

Doch, in Luxemburch.

Ich wolltet schon aufgehm, nä, aber Willi hattet dann nomma versucht –

Der Brief, sachter, wa weck, hatte Putzfrau wohl versiebt, watt weiß ich, jedenfalls kommter Leo nach den Turm hin un tafelt den Schnösel ma so tüchtich eine.

Wattenn fürm Leo?

Leo istoch der Diener von den Mann vonne Gattin von den Vatter sein Geschäftsfreund.

Willi, sarich, komm, tu mir ein Gefallen, sach mir

gezz wenichstens, warum der Film heißt LIEBE IS NUR EIN WORT, datt wirsse doch mitgekricht ham.

Ja, sachter, da siehsse ma, wie dusselich die in son Film alle sind, sachter, eima liegense auffe Wiese, der Schnösel untie Gattin von den Vatter sein –

Un weiter? sarich.

Ja, sachter, un da sindse so Sprüche am Raten, ob datt gezz von Goethe is oder sonz irgendein Schlauberger, un da sacht sie oder er, is ja egal, einer sacht: LIEBE IS NUR EIN WORT, von wen is dattenn?

Un, sarich, von wen isset? Goethe?

Nä, sacht Willi, da sieht man, dattu den Film nich gesehen has, datt is doch von Simmel! Da spielen die zwei Stunden lang in son Film mit un wissen nich, dattat von Simmel is, dabei hättenset mit ein einzigen Blick inne Färnsehzeitung gesehen.

(für Bernd)

Schlager für de Krebshilfe

So die Sendungen, wose all de alten Schlager nomma singen für de Krebshilfe, die mach ich ja am liebsten. Meist is datt mit Lu van Burch, der sieht noch genauso aus wie dammals, un dann komm all die Lieder, wo wer so für geschwärmt ham wie wer jünger waan, Mona

Baptiste un Maria Mucke un Gerhard Wendland un der nette Herr Bertelsmann, der den lachenden Wagabund so schön nachmachen kann un wo wir dann später im Lesering von drin waren, jedenfalls hieß der genauso, aber velleicht wa datt auch der Bruder, un «Sing ein Lied, sing ein Lied, littel Bänjobeu», Jan un Kjelld, nä, die sind auch groß geworden, Sie – ich weiß noch, wie datt so kleine Döppkes waan un der ihr Vatter sich in Kopenhagen en Häusken gebaut hat bloß von dies eine Lied, un dann Lüs Assia, «Jolli Jacqueline, konnte singen ...» die sieht ja aunnoch gut aus, naja, so Frauen könn sich ehmt mehr flegen wie unsereins, ich wär auch lieber Sängerin in Färnsehn geworden wie Metzgersgattin in Wanne-Eickel, aber jeder hat sein Schicksal, sarich immer. Wolfgang Sauer wa auch dabei, der is ja immer noch blind un singt so schön «Glaube mir, glaube mir, meine ganze Liebe gib ich dir» – unser Inge sacht, Mamma, wa datt dammals euer Heino? Mann watt schlimme Texte. Un ich sach, so, un wenn heute dies Frollein mitte gelben Nudelhaare aus Berlin singt «Ich bin de Eiszeit mit minus neunzich Grad», datt finze schön oder wie? Un dann kam noch unser Junge von Sankt Pauli, un unser Inge sacht um Gottes willen, wer is dattenn? Un ich sach, watt, den kennstu nich, datt is doch unsern Freddi! Un sie sacht, wo sollich den denn von kenn, kennstu velleicht Rori Gälleger, kennze aunnich. Ja, sarich, kannich mir schon vorstellen, wie der singt: Jäh, jäh, jäh, un datt soll dannen schönes Lied sein un dafür kriegense noch Tausende un ham Flitterjacken an mit Glitzer drauf, geh doch weck. Aber hier, Gitarren der Liebe, da kann ich mir noch watt drunter vorstellen unne schöne Dekkeration auch, nich so buntes Licht un Firlefanz wie bei Popp immer, nein, schön rechts un links ein Blumensträußken un inne Mitte ne weiße Treppe, wose runterschreiten un Heidi Brühl in ein Kleid ausne alte Gaadine un Nana Gualdi in lang, «Junggesellen musse Fallen stellen un dann waate, bisser voll entflammt un dann sage Standesamt», Vico Torreani wa auch da, hat so nett von Kalkutta an Ganges gesungen, wo wer inne Tagesschau immer nur watt Schreckliches von hören, inne Lieder is de Welt wenichstens noch in Ordnung. Un wie dann noch der weiße Mond von Maratonga kam, warich ganz weck un sach Willi, laß wer auch Geld fürde Krebshilfe spenden, dann kricht man datt große Foto, wose alle drauf sind, un Willi sacht, is gut, datt kann ich auch schön brauchen für im Keller, wo anne Wand immer sonne feuchte Stelle is.

Video

Neulich morgens geh ich ma nache Frau Gerstenmeier hin, die wern Sie gezz nich kenn, datt is die Dicke, wo der Mann ma watt hatte mit Baranowski ihre Rita, aber datt is ja nu auch schon Jahre her, später hamse datt Geschäft dann ganz neu kacheln lassen un ham aunnoch de kleine Heidi gekricht, da wa der Sohn schon aussen Haus, untie wird ja sehr verwöhnt, die kleine Heidi, die brauch bloß sagen wattse will, da springter ihr Mutter schon, wo warich?

Ach ja, binnich nach hin, weil die ham ne Heimsauna ham die die sich gebaut un datt wolltich mir ma ankucken, kommse ruich ma vorbei, Frau Stratmann, hatte de Gerstenmeiersche gesacht, zeich ich Se gerne, un ich wa ja auch neugierich, wie die gezz so wohnen, die ham ja gebaut, un wennse mich fragen, Geschmack ham die ja kein –

Jedenfalls, ich komm dahin, machtie kleine Heidi mir auf un sacht, Tach, Frau Stratmann, mein Mutter is noch auffen Maakt, Se solln aber waaten, die kommt jeden Augenblick. Ich sach meine Zeit, Heidi, watt bistu groß geworn, ich weiß noch, wiede son klein Döppken waas –

Frau Stratmann, sachtse, setzense sich da im Wohnzimmer, ich hab keine Zeit, ich bin Video am Kucken.

Ham die natürlich alle, Video un sowatt, nä, datt Geschäft von ihm geht ja gut, sonz hättense datt ja aunnich alles so teuer kacheln könn, ich sach, watt, gezz am Morgen, watt kuckse denn da, Heidiken, den netten Herr Rosenthal von gestem ahmt oder de Puppenkiste odern schön Kinderfilm?

Nä, sachtse, Puppenkiste, watt is dattenn, ich kuck

«Stunde der geschändeten Leichen». Ich sach, watt kucks du?

Kennse den nich? sachtse, Stunde der geschändeten Leichen, super, datt is der, wo der Mann auffen Friedhof die Frau ausgräbt unten Aam abschneidet un den essense dann –

Ich sach HEIDI! Du bis doch ers zwöllef, sowatt daafstu doch noch ga nich kucken, weiß datt deine Mamma?

Ja sicher, sachtse, habbich doch zum Geburtstach gekricht, de Kassette, un ich kuck datt gerne.

Ich geh mit im Zimmer, da läufter Film, nä, Sie – nich eine Minute konntich datt sehen, da wa einer ne Hand am Grab am raus am Ziehen – nänänä, ersparenset mir, ich sach Heidi, Kint, mach datt aus, datt ertrachich nich.

Meine Fresse, ham Sie schwache Nerven, Frau Stratmann, sachtie kleine Heidi, ich denk, Ihr Mann is Metzger? Gut, tun wern raus, ich hab nochen andern, gefälltse der besser?

Un dann schiebtse ne andere Kassette rein, wo einer mitte Säge hinterne Blondine herrennt, untie is am Schreien, weil er se inne Mitte scheinz durchsägen will, un Heidi lacht sich kaputt – Ja, Olle, sachtse, renn du nur, der krichtich doch un dann hasse de längste Zeit Aame gehabt – datt is der Kettensägenmörder, Frau Stratmann, sachtse.

Ich hatte de Augen abber schon zu, nä, ich kann ja

Hiiii! Der Kettensägen-Mörder!!
Ich will Blut sehen!!!

sowatt nich sehen, un sie sacht: Gezz sagense bloß, der gefällt Ihn aunnich, da müßtense aber ers ma «Conny, die Killermaschine» sehen, wose immer Augen ausstechen un sowatt –

Ich kuck datt Kint an, wie et da sitzt un Fingernägel am Kauen is un ich denk, datt gibtet doch alle ga nich –

Un in den Moment kommte Mutter, hach, Frau Stratmann, sachtse, ich wa noch auffen Maakt, hamse schön Fernsehen gekuckt mit unser Heidi, datt Kint is ja ganz verrückt nach Video, nä, aber ich sach immer, wennset wollen, muß man se auch lassen, wollnse denn gezz ma de Sauna ankucken?

Ich sach, nä, Frau Gerstenmeier, nehmset mir nich übel, aber gezz will ich keine Sauna mehr sehn un nix, gezz willich bloß noch nach Hause, un wenn wir da nemmich nache Sauna reingehn, wer garantiert ein denn, dattie Heidi uns nich einsperrt un auf 100 Grad stellt un zukuckt, wie wer braten, scheinz hattse ja Spaß an so Sachen, guten Tach.

Un dann binnich weck, als wär der Kettensägenmörder hinter mir her. Gezz sagen Sie ma: habbich nu schlechte Nerven oder is datt alle noch normal? Jesses nä.

Unglaublich

Hörnse ma, ich muß Ihn gezz ma ganz fix ne Geschichte bei uns ausse Nachbaschaft erzählen, da wern Sie sagen, datt is ja un-glaub-lich, Frau Stratmann, aber passense auf –

Kenn Sie den dusseligen Ewald Metzkowitz, der inne Laubenkollenie datt erste Häusken links hat? Den kennse, der wa ja schomma verheiratet, nä, mit Luise, gezz inne zweite Ehe isser ja mit Gertrud, un die kann keine Kinder kriegen, aber ausse erste Ehe hatter drei, diesen einen Sohn wo watt nich mit stimmt, untie Tochter, die is son bißken son Flittchen un ja auch schon geschieden, nä, un wo der Gärtner ma datt Kind von geraubt hat, wie et noch ganz klein wa, aber dann hamset doch gesund widdergekricht, un dann noch diesen ältesten Sohn, son ganz finnigen, der kommt ja auf Luise, aber genau, denkt immer nur am Geld. Un Ewald hat vor einige Zeit ma'n Ausfluch gemacht im Gebirge un isser gestürzt bei un lach da hilflos inne Büsche, nä, der Mann hätt draufgehen könn, Sie, aber Gertrud, nä, die hattat gespürt, datta watt nich stimmt, un die is mitten inne Nacht los un waren am Suchen, obwohlse an den Ahmt de seidene Bluse anhatte un datt wa am Rechnen, kannse auch abschreiben gezz, die Bluse, nä, ja un dann isse durchem Gebirge un hat immer gerufen: «Ewald, Ewald, wo bisse?» Un watt soll ich Ihn sagen, lassense mich gezz nich lügen, die finten! Da wa aber watt los, er hat sich dann auch schnell erholt, nä, un dann istie Luise eines Tages gekomm un in datt Gaatenhäuschen gezogen, müssense sich ma vorstellen, aber später hatse von den Gatte von ihre Tochter, dem sein Onkel hatse geheiratet, der is inne Hochzeitsnacht schon gestorben un sie wa alles am Erben, also manche ham ja ma einmalich Glück, aber ich sach ja, der Deubel scheißt immer auffen großen Haufen, nä, wo schon watt is, da kommt aunnoch watt dazu – wo warich?

Ach ja, die hat den finnigen Sohn dann da mit inne Firma reingenomm un dann wolltense den Ewald ruinieren, nä, auch so privat waanse immer rum am Wühlen un ham Gertrud sein ersten Gatte aufgetrieben, die wa ja auch schomma verheiratet gewesen un noch nich ma richtich geschieden, datt kam gezz alle raus, un vorher hattese jahrelang son Krösken zu laufen gehabt mit ein Ingenjör, wode Gattin von verrückt geworden is un im Heim mußte, also da gehtet zu, sehense schon, nä. Un der Mann von Luise un Ewald seine Tochter, der heiratet die Tochter von ein Hausmeister, der aunnich ganz sauber is, un gezz denken Sie wahscheinz: mein Gott, warum erzählt uns Frau Stratmann sonne bekloppte Geschichte von so dösige Leute, datt intressiert uns doch alle ga nich, so Verhältnisse gibtet doch ga nich –

Ach?

Datt intressiertse nich? Datt gibtet nich? Sie machen

mir ja Spaß. Wenn ich Ihn datt erzähl unte Leute heißen Metzkowitz un sind aus Wanne-Eickel, dann intressiertse datt nich, aber wenn deselben Leute mitte selben Schicksale Cärrington heißen un aus Denver sind, wenn Luise eintlich Alexis heißt un Gertrud Kristel un Ewald is Bläk, dann findense datt doll un sitzen zu Million jeden Mittwochahmt vor de Färnsehkiste un kucken sich datt an, nä –

Ach, gehnse doch weck, Sie.

Grün istie Heide

Grüüün istie Heide,
die Heide is grüüün,
aber roooot sintie Roooosen,
ehse verblühn.

Hach, schön, nä. Unser Inge un ich ham uns gestern in Färnsehn diesen schön alten Heimatfilm angekuckt mit all die alten Lieder drin un echte Liebe unte ganze Gegend noch voll mit Natur, nä, un dann Schloßherren, Gutsfrolleins, edle Hirsche, Heidschnucken unter Rudolf Prack immer in son herrlichen grün Anzuch, einmalich. Datt wa fast zuviel auf eima fürm Herz, un vor allem wennze ma denks, datter Kriech dammals grade ma vorbei wa, wose den Film gemacht ham, nä, wir hier in Kohlenpott nix wie Schutt un Asche, un da ohm inne Heide hattenset schon widder sowatt von schön, un trotzdem, wattse doch auch Probleme hatten, nä –

Der Gutsbesitzer hat ja alles verloren in Osten, Rittergut un Jacht un alles inne Binsen, lacht sich gezz der Russe kaputt drübber, un datt Frollein von Puckwitz hatte auch keine Heimat mehr un nix, aber wattie doch schnell widder auffe Füße gefallen sind in so Kreise, könnse ma sehn, gleich im Westen hin auffe Schlösser vonne Verwandtschaft, un dann feste am Wildern vor lauter Heimweh. Ja, da hatter aber nich mit Rudolf Prack in sein grün Försteranzuch gerechnet, der lechten datt Waidwerk oder wie datt heißt, nä, un an Ende is dann aber alles gut un krichter auch de Sonja Ziemann, bloß de Rittergüter, die sind immer noch weck, obwohl der Herr Hupka sich da immer soviel Mühe drum gibt, jaja.

Un ganz edel hamse sich immer angeredet in den Film, «Herr Amtsrichter» hinten un «Herr Oberförster» vorne, datt waren noch echte Herren, dammals wa de SPD ja aunnonnich so staak, heute kannze sowatt mitte Lupe suchen, aber dammals wohnten ehmt die Aabeitslosen noch glücklich in freien deutschen Wald unter Förster hatten langen Baat gehabt un sacht zu de Damenwelt: «Na, Frollein, schön hier inne Heide, wie?»

Als sie gestern einsam ging
auffe grüne grüne Heid,
kam ein jungen Jäger an,
trug ein grünes grünes Kleid –

Ein Jäger in ein Kleid? Komisch, aber schön gesungen hamse ja dammals inne Filme, heute gehtet ja nur noch aboppbopp-aluna-aboppbängbum, furchba, un watt Heimat is, weiß auch keiner mehr, un wo gibtet schonnen Film mit Vollmond drin. Am Ende lechter Schendaam den Bösewicht dann um, aber der eintliche Bösewicht wa auf eima der Tierfleger aussen Zirkus, weil der kein Paß hatte – sehnse, datt wa dammals schon genau wie heute, de Großen singen auffe Güter rum unte Klein ohne Paßen sind dran un müssen ab überde Grenze, also wennze genau hinkucks, Mamma, sacht unser Inge, dann waanse ga nich sooo lieb, de Heimatfilme.

Blaue Berge, grüne Täääler,
mittendrin ein Häusken klein,
herrlich is dies Stücksken Ärde,
un ich bin ja dort daheim!

Dallas

Ohne Dallas könntich überhaupt nich mehr leben, jedenfalls dienstachs nich. Dabei hat mir datt am Anfang ers ga nich gefallen, wo gibtet denn sowatt, Millionäre un wohn alle in ein Haus un sind jeden Ahmt in selben Zimmer un erzählen sich alles, aber gezz habbich die so liebgewonn, glaumse datt, als wär datt meine eigene Familie. Ham Sie schomma sowat Gütiges gesehn wie Miss Ellie? Gezz hörtse ja auf, nä, un Schock is auch schon tot, jaja, de Zeit bleibt nich stehn, un dann Bobby, herzensgut, auch wenner gezz geschieden is, da wa ja mehr sie schuld dran, un ich glaub fest, dattie widder zusammkomm, schon wegen den klein Christoffer. Luzie is mir ja zu schnippisch, un auch so mollich, nä, is kein Vorbild fürde Jugend, aber Suellen – einmalich schön. Von J. R. sarich nix, der is un bleibten fiesen Eumel, dabei krichter soviel Geld gezz für den Film. Watt mir nur immer leid tut is, dattat immer alle in Amerika sein muß. Warum ham wer nich ma hier bei uns auch sonne Serie mit unsere Staas un in unsere Welt un auch mit Erbkrankheiten drin un Luch un Truch un all sowatt wie Dallas? Inge Meysel als Miss Ellie, die datt alle zusammhält, un dann velleicht Gustav Knuth als Vatter oder der Millowitsch, un als Kinder meinzwegen Harald Juhnke, der könnte de Ingrid Steeger heiraten un die wär dannen Flittchen, un deshalb musser trinken, un als Tochter dann de Katja

Ebstein, un die könnte meinzwegen de Erbkrankheit ham oder nä, die käm mit Roberto Blanco an un wollten unbedingt heiraten, könnse sich ja vorstellen, wattann inne deutsche Familie los is. Un der Vatter könnte son Supermaakt ham unnen Verhältnis mittatt Frollein vonne Specktheke, datt wär velleicht de Anneliese Rothenberger, die könntann auch schomma singen, nä – datt fehlt mir ja in Dallas immer, die singen nie. Un eines Tages kommt dann aus Amerika der reiche Onkel, datt wär denn der Elma Gunsch mittiese schöne Stimme, un der sachtann, also, er hätt eintlich die Inge Meysel immer geliebt, un dann weintie un sacht, Elma, datt konntich donnich ahn, sonz hättich doch Gustav nie genomm, un dann kommt raus, dattie Katja Ebstein in Wirklichkeit ga nich dem Gustav Knuth sein Kint is un da gehter Roberto Blanco nach Afrika zurück un wird Missiona un lernt de Kessler Zwillinge kennen un bekehrtie, dattse nich mehr nakkend tanzen, sondern im Kloster gehen – ach, einfallen tät mir genuch. Warum immer nur mir, warum nie ma den deutschen Färnsehen? Da kaufense datt teuer in Amerika ein, wattse selber so schön billich hier auch machen könnten, weil datter Zuschauer alles kuckt, egal wie dusselich et is, datt wissen wer doch nu lange genuch.

Löwenthal

Der Löwenthal, der hält sich jamma gut, Sie. Wußten Sie, datter datt schon mehr wie 500 ma gemacht hat da in ZDF, dies Magazin? Muß man sich ma vorstelln. Wie oft ham wir datt wohl gekuckt, Willi un ich? Doch, ja, drei-, vierma bestimmt schon – ja, eima 1969, dann nomma 72, dann hamwer glaubich 75 aunnomma reingekuckt, oder wa datt 76? Na, is egal, jedenfalls siehter Mann immer gleich aus, 15 Jahre dattselbe Gesicht, datt musse ers ma machen, un denkt un sacht ja auch de ganze Zeit dattselbe, Willi sacht, datt is ehmt kon-ser-va-tiv, wie Konserven, nä, immer gleich, luftdicht zu, kein neuen Gedanken rein un kein raus. Außer den Löwenthal ham sich in Färnsehn nur noch der Lembke so gut gehalten unte Anneliese Rothenberger, ja, velleicht noch der Köpke, da kann passieren watt will, kannze dich immer drauf verlassen: immer gleich, nä. Kuckense ma, als Vergleich gezz, wattie SPD sich in diese Zeit verändert hat, oder der Iwan Rebroff, früher ganze Galas un gezz Bettelstudent in Kaalsruhe, nä, aber Löwenthal – immer gleich. Wennet mittwochs in Denver beide Cärringtons noch so durche Villa tobt, kurz vorher bei Löwenthal is alles noch in Ordnung, Scheitel links, Tolle rechts, Gebiß sitzt auch schon seit ewige Zeiten schlecht, watt hatter Mann bloß fürm Zahnaazt?

Un immer sachter, datt nu schon widder ne Woche

rum wär un Deutschland immer nonnich wiedervereinicht, un da wär bloß der fiese Russe dran schuld, guten Ahmt, meine Dam un Herren. Un dann erzählter, watter Ammerikaner fürm Bollwerk is un wiede Ausländer anne deutschen Volkswurzeln nagen un wattie Linken widder alle angestellt ham un den Staat am Erschüttern sind, un dann zeichter, wiese inne Ostzone geknechtet werden un danach binnich immer ganz fertich, nä, un er auch, wenner datt alle gebracht hat, siehter immer schlecht aus un ich denk so: warum gehter nu nich domma auf Rente, aber datt gibtet bloß fürde Aabeiter, vorgezogenen Ruhestand, nä.

De Fernsehonkels unte Pollitiker könn scheinz ga nich alt genuch sein, un deshalb wern wer dem seine tausendste Sendung aunnoch sehen müssen, oder auch nich, weil, watt drin vorkommt, datt kann ich Ihn gezz auch schon sagen.

Die Welt der Politik
(Heimat und weite Welt)

Europa

Watt is nu mit Europa, ham wert gezz oder ham wert immer nonnich? Wennse mich fragen, ham wert nich. Da wählze un alles, un watt is? In Frankreich en anderes Geld wie bei uns, überall andere Sprachen un anne Grenze immer noch «Machen Se ma den Kofferraum auf» un wehe, dann hasse ein Fläschken Schianti aus Italien zuviel odern Funt Butter aus Holland, dann kannze gleich rechts ranfahren un alles auspacken. De letzte Wahl hat mir soweso nich gefallen. Wenn einer käm un sachte meinzwegen, Frau Stratmann, watt is, wollnse Europa, ja oder nein, ja da tätich doch immer ja sagen. Statt dessen musse wählen SPD oder CDU oder GRÜNE (FDP nich, die wählt man ja nich mehr, nä) oder de FRAUENPAATEI oder de MÜNDIGEN BÜRGER un watt nich noch alle, soga de NPD hamse hingeschickt, 198 370 Leute ham die gewählt, hasse noch Töne? Watt is dattenn fürn Europa, wo die schon widder dürfen, in Frankreich elf Prozent vonne Rechten un in Italien mehr wie dreißich Prozent vonne Kommenisten, ja datt paßtoch alle nich zusamm! Son Kommenist daaf bei uns nich ma Briefträger werden un da soller nach Europa hin – gehnse doch weck.

Überhaupt, Europa – watt soll dattenn sein? Rußland is gleich bei uns nehman, is aber nich Europa, is scheinz schon Asien unter ganze Ostblock. Beide Fußballeuropameisterschaften is Rumänien dabei, aber beide Europawahl nich, kann mir datt vielleicht ma einer aussenanderverkasematuckeln?

Un die Schweiz, datt is scheinz nich Europa? Immer neutral un alles, wie der Willi Tell so schön dammals gesacht hat, wir wollen sein ein einzich Volk von Dingens, Brüder, nä. Ja, aber Männeken, entweder machen wer Europa oder nich, un dann müssen wer uns ehmt auffen Schulatlas ma ankucken, wattazu gehört. Un wenn wert machen, gehörtann auch dazu, datt ein Herr aus Napoli mitbestimm daaf, ob bei uns hier Zeche Helene Amalie stillgelecht wird?

Alles ungelechte Eier, dies Europa, nä. Un in jedes Land sitzten andern Kanzler oder Präsedent, der bloß an sich denkt, dann hamse jede Menge Könige überall noch auffe Schlösser rumzusitzen, watt wirtenn damit? Amerika hat ein einzigen Präsedent, ob uns der gezz gefällt oder nich, datt wär doch hier schomma datt erste, datt wer ein Präsedent für Europa krichten –

Wer könntet machen?

Juhnke is nich zuverlässich genuch, Köpke hat mitte Tagesschau genuch zu tun, der Derwall vielleicht? Zeit hatter ja gezz, un geflecht isser auch, doch, ja. Oder der Nowottny, der wär auch gut als Präsedent von Europa, der könnte mitte Völker wenichstens richtich umspringen un is nich immer so am Kuschen –

Oder ne Frau?

Warum nich ma ne Frau? Welche denn?

Nänä, ich hab da keine Zeit für. Alles kann ich nu aunnich machen, hörnse ma.

Entwicklungshilfe

Neulich sarich so zu mein Gatte, Willi, sarich, watt ich ja ewich un drei Tage nich versteh, datt is de Entwicklungshilfe. Watt verstehsse denn da nich dran? frachter, ich sach: alles. Kumma, wir sintoch selbs alle inne roten Zahlen, nix wie Schulden inne Bundeskassen, wie wolln wir denn aame Länder noch auffe Sprünge helfen, kannze mir datt ma sagen? Angeblich wissense vorne nich, wose de Renten von zahlen sollen, aber hinten schickense Million nache Neger hin, wozu soll dattenn gut sein, Mitleid gibtet doch sonz inne Polletik aunnich.

Kumma, Else, sacht Willi, datt is doch auch nützlich für unserm Staat hier, wenner datt macht, ich mach gezz ma ein Beispiel, wosse datt gut dran verstehss.

Der Neger, nä, der will ja nu aunnich ewich in sein Kraal leben, nä, der will auch ma raus da un dann brauchter meinzwegen dafür de Eisenbahn. Nehmwer gezz ma de Eisenbahn, da brauchter ers ma ne Lokkemotive, aber keine olle, die wir hier noch so rumstehn haben, nänä, wenn schon denn schon.

Un dann brauchter Schien un Signale un fürm Schaffner, der de Kaaten knipst, son Knipser unne Mütze un un un, siehsse schon, datt läppert sich zusamm, nä, aber wo sollet herkomm? Stahl hamse kein in Afrika, wiese sonne Lokkemotive baun solln, wissense ja aunnich von Haus aus, die könn ja da mehr so schnitzen un Volkstänze un sowatt, nä, also, watt machense? Se kaufen den ganzen Kokkelores hier bei uns – ja, oder bein Russe, aber datt is heikel, da komm wer nachher noch drauf. Wovon sollnse gezz aber de Lokkemotive kaufen, wose soweso schon kein Geld ham da inne Wüste? Datt leihen se sich bei de deutsche Bank, datt gibt ihn unser Entwicklungshilfeminister, der gibt ihn datt, dafür ham wer den, un datt is dannen Kredit un könnse schön mit bei uns einkaufen – Schaffner, Mützen, Schienen, alles wattse so brauchen. Dadurch ham unsre Aabeiter hier watt zu tun, weilse fleißich Mützen un Lokkemotiven für de Neger herstelln müssen, nä, florierte Wirtschaft, un der Neger hat Schulden bei uns, un datt is immer gut, sowatt – dann musser parieren.

Un gezz kommwer zu de Sache mitten Russe: wenn derse datt Geld andreht, müssense ja zu den halten, un deshalb is datt immer son Wettstreit, wer möchlichst viele aame Länder auf seine Seite kricht mit Schulden, weil wenn dattann ma Kriech gibt, dann kuckte andere Seite inne Röhre.

Ja, sarich, datt versteh ich gezz, aber der Todenhöfer hat dammals gesacht –

Meine Zeit, sacht Willi, kannze den Todenhöfer dennich endlich ma vergessen, kein Mensch denkt mehr an den, bloß du –

Ja, sarich, der hat gesacht, datt könnte auch nach hinten losgehen, weil, nachher gibse de Neger Geld un dann kaufense sich Gewehre dafür un machen Reveluzzion un datt sähen wer ja an Südafrika, wo datt hinführt, hatter gesacht.

Gut, sacht Willi, datt kann schomma sein, aber kumma, man muß die Leute da auch verstehen, da regiert ein Weißen, obwohl de meisten schwaaz sind, is doch kla, dattie sich wehren, du willz ja hier auch kein Neger als Bundeskanzler ham, oder? Siehsse.

Un deshalb is de Entwicklungshilfe wichtich, ob wer uns datt nu leisten könn oder nich, dattwer eima gut dastehn inne Welt mit viele Freunde, auch wenn werse gekauft ham, un wer weiß, ob wer datt nich nomma bitter nötich ham.

(für Gerd Schneider)

Schina

Der Schinese, Willi, sarich neulich so zu mein Gatte, glaubstu, datter uns eines Tages ma überrollt mit seine gelbe Gefah, wiese immer sagen?

Nä, sacht Willi, glaubich nich, der hattoch in sein eigenes Land genuch Malessen.

Ich sach, glaubstu denn, datter Schinese glücklich is? Immer diesen Kommenismus jeden Tach, un alle ham dattselbe an, der kann doch ga nich glücklich sein, der Schinese.

Un du, sacht Willi, du hassen ganzen Schrank voll Plörren un weiß nie, watte anziehen sollz, da hätts du et doch schön in Schina, ein Anzuch un fertich.

Ich sach, du ollen Döskopp, datt mein ich gezz doch ga nich. Ich mein, datter Schinese nix selber bestimm daaf, alles krichter vorgeschriem, datt kann donnich schön sein, da ham wir et hier doch besser.

Ich hör wohl nich recht, sacht unser Inge. Un watt is hier, ich such ne Lehrstelle als Frisör un krich keine un muß bei euch inne Metzgerei helfen, immer Blut un kalte Hände, un Soffie will Konditor lernen, un watt machtse? Kränze binden inne Friedhofsgärtnerei, un Benno daaf nich Lehrer werden, weiler eima ein sozialistischen Büchertisch betreut hat, wo is dattenn hier besser wie in Schina, datt wüßtich gezz aber gerne ma.

Hu! So gesehen hattat Kint recht, nä –

Aber Autos, sarich, die ham doch ga keine Autos da

Li gibt ab... Tschang geht steil... Foul von Feng Shui...
PILS

in Schina un kein Färnsehn unnix, datt muß doch langweilich sein in Peking.

Un, sacht Willi, watt kannze hier mittein Auto schon groß noch anfang? Jeder hatten Auto, un watt is? Keine Paakplätze, immer im Stau un datt Benzin jeden Tach teurer, un Färnsehen – meinze wirklich, dattatt den Schinese fehlt, wenner Löwenthal un Peter Alexander nich sehen kann? Glaub ich nich. Der Schinese, sachter, der macht sich datt wenichstens ahms gemütlich in seine Hütte, wenner vonne Aabeit kommt, der kann sich dann hinsetzen un schön Lackdosen anmalen, könn die ja da so gut, da is unsereins schon längst am Auto am Waschen oder ärgert sich grün un blau über de Tagesschau, da klemmt der Schinese ganz locker de Beine hinter de Ohren un denkt nach über de Lotosblüte, der hattet doch schön, ich weiß ga nich, wattu willz.

Nuja, vielleicht hat Willi recht, nä. Der Schinese hat zwar Sorgen mitten Russe anne Grenze, aber Gott, die ham wir auch, nä, un ob datt immer so richtich is, alles so Überfluß, wie bei uns, datt is aunnonich raus. Ingelein, sarich, hol dein Pappa ma nochen Bier ausse Küche, un wiese inne Küche geht, sachtse, Bier gibtatt aber in Schina bestimmt nich, Pappa, oder? Nä, sarich, die ham doch da bloß Tee, der is doch der Erfinder vonne klein Teebeutelkes, der Schinese –

Un da kuckt Willi mich so an un sacht: «Watt? Kein Bier in Schina? So gesehen hasse recht, Else, dann ham wir datt doch schöner hier wie der Schinese – prost!»

Bundeshaushalt

Über nix kannich mich so aufregen wie dadrüber, dattet inne Kasse von unsern Bundeshaushalt nie ma stimmt, Sie. Die ham datt doch nu alle studiert, datt sind Minister, kriegen wer weiß wieviel Geld dafür un komm vorne un hinten nich hin mittet Geld, rubbeldiekatz, isset weck, kaum dattse ma mitten Regieren angefangen ham. Die schmeißen mitte Million rum, als tätense Quatett spielen – gibse mir noch drei Milliaden fürde Rüstung, dann krisse von mir noch zwei Maak fuffzich fürt Soziale, könnwer Kultur ablegen.

Un am Ende stehnse da unnet reicht nirgends, ja ham die Brüder denn kein Haushaltsbuch, wose ma orntlich reinschreim «Einnahm–Ausgaben»? Wenn ich in mein Haushalt seh, dattich mitte Kröten nich hinkomm, nä, ja, dann kann ich ehmt nich – watt weiß ich – noch sippzich Panzer kaufen, dann muß ich mich ehmt ma nache Decke strecken, wo sind wer denn, nä. Nein, immer ausse Vollen, un anne Rentner werdet dann widder reingespaat – könnse mir ma sagen, wo datt ganze Geld bleibt?

Die Marianne Weizsäcker gezz, die is doch ganz vernümftich scheinz, soll die de Männer domma auffe Finger kucken, unte Hannelore Kohl sieht eintlich auch so aus als wüßtese, watten Haushalt is – die Loki Schmidt hat ja mehr so nache Flanzenwelt gekuckt, nä, datt Wiesenschaumkraut irgendwie so geschützt – gut, is auch wichtich, aber de Kasse muß doch stimmen, verdorri! Die Hannelore Kohl, die is doch reselut, soll die domma da in Bonn auffem Tisch hauen un sagen so, Schluß gezz mitte teure Fresserei ers ma immer, watt muß datt Wachtelbrüstkes mit Schampagnerschaum gehm, wenn son Scheich auf Besuch kommt, datt gibt en schön Fannekuchen mit Feldsalat un fertich. Der Wüstenkönich kommtonnich wegen Essen, der kommtoch wegen Öl, nä, un immer alles voll Blumenschmuck, datt kostoch auch – weck damit, der willen Vertrach sehen über ne neue Pippeline un nich ne Gaatenschau.

Un dann, muß da jeder inne Regierung son dicken Schlitten fahn wie Graf Koks? Der kleine Mann soll spaan untie gondeln mitte Limusinen durche Gegend, alle mit Schofför, dabei ham se alle Führerscheine un freie Faaht auffe Bundesbahn, un dann Schofför – ja wo sind wer denn, ich denk, de SPD is ne Aabeiterpatei, also, bitte, nä. In Bundeskanzleramt sollet an die 400 Diener gehm – könn Sie mir ma sagen, wo die 400 Diener für brauchen? Gut, rechnen wer datt domma fix durch: Lasse zwei bis drei Putzfrauen ham, nä, meinzwegen auch zwei Gärtner für im Paak, obwohl, de Minister sind soweso alle zu dick, bißken Gaatenaabeit inne Mittachspause tätse ma ganz gut, aber sind ja alle faul, die Brüder, also: Gärtner, meinzwegen. Schon auch für wennze alle auf Dienstreise sind, untie reisen ja ma gern – auch son Kapittel, der ihre Reisen dauernd, für watt gibtatt eintlich Tellefon inne ganze Welt? Könn die nich ahms ma nach den Reagan oder den Russe hintellefonieren, wennet billiger is? Nein, müssense einer nachen andern hinfliegen, möchlichst noch mitte Gattin dabei, un wer zahltatt alle? Wir.

Ja, wo warich? Gärtner. Gut. Dann lasse ma zwei Mann inne Küche ham, zwei als Diener, wennse essen mitte ausländischen Gäste, ne gescheite Wirtschafterin aunnoch, die ma auffen Fennich kuckt un ehmt kein Schnittlauch am Rührei tut, wennet zu teuer is oder selbs in ein klein Blumenpöttchen watt zieht, wie wir datt ja auch alle machen, dann lasse noch zwei, drei Zimmermädchen ham fürde Betten zum Machen un ma nache Blumen kucken, geben wer nochen Hausmeister drauf, der nache Heizung kuckt un datt Laub fecht, ja, aber datt reichtoch, datt sind – so überm Daumen gezz – sintatt dreizehn, vierzehn Angestellte, tun wer noch ne Sekretärin drauf unnen Frollein fürm Tellefon, dann muß aber zugedreht sein, könn Sie mir gezz ma sagen, wo da 400 herkomm? Watt machen die alle?

Nänä, der ihren Haushalt, den hättich schnell saniert, glaumse datt? Eine einzige richtige deutsche

Hausfrau inne Regierung, unter Bundeshaushalt tät anders aussehn, datt glaumse aber!

(für Kohl)

Der Butterberch

Warum datt wir son Butterberch da liegen ham mit watt weiß ich, 900 000 Tonn oder so, datt versteh ich aunnich – irgendwie hängtatt mitte europäische Dingens, Gemeinschaft zusamm, wose alle Geld dafür kriegen, dattse dattselbe produzieren un immer zuviel. Ich versteh datt ja nie, Sie.

Wennse mich fragen, wär dattoch eimfach: nich alles in alle Länder, un dann müssen wir dem Holländer seine Butter kaufen, wo wer selber schon zuviel ham, nein, ganz streng einteilen:

Meinzwegen in Holland nur Butter, in Deutschland nur Katoffeln, in Frankreich nur Weizen, in England nix wie Haferflocken, in Dänemaak Tomaten undsoweiter – dann müßtense alle bei ein kaufen, kein Überfluß mehr, un datt Geld, wattwer anne Subvention sparen, datt tun wer inne Stahlkrise reinbuttern, dann is die auch froh, aber mich fracht ja keiner, nä. Dem Bürger seine Ideen wolln die da oben ja nie hören. Dabei hättich genuch davon, auch fürm Butterberch, wie man den weckmacht. Verbundlösung, nä – wir ham doch von alles zuviel, da könnten wer ne schöne Verbundlösung könnten wer da machen. Zuviel Ausländer, zuviel Aabeitslose, zuviel Deffizitt beide Bundesbahn, zuviel Abtreibungen, ja, datt lösen wer alle ganz eimfach, passense auf:

Jeder Aabeitslose kricht bloß dann Stütze, wenner sich verflichtet, in seine viele Freizeit auch tächlich ein Funt Butter zu essen. Dann bleibter schön bei Kräfte unter Berch wird kleiner. Un wennsen dann noch zwingen, datter sich seine 30 Funt Butter in Monat selbs persönlich in Brüssel abholt, dann kriegenwer datt Deffizitt vonne Bundesbahn auch gleich weck – stellnse sich ma vor, 2 Million Aabeitslose fahn eima in Monat mitte Bundesbahn nach Brüssel hin un zurück, ja da wär aber watt los. Untie Ausländer, die gezz ab nache Heimat müssen, die dürfen bloß gehen, wennse jeder mindestens drei Zentner Butter mitnehm.

Oder de Frauen mitte Abtreibung – der Geißler sacht, da muß nu Schluß mit sein un wirt für Mutter un Kint besser gesorcht, un wer datt Kint behält un freigibt nache Adoption, kricht fümftausend Maak für, ja, un sounsoviel Funt Butter, datt wären ja bei 200 000 geschätzte Abtreibungen wären datt Tonnen, da hättenwer den Berch aber bald weck wie Butter anne Sonne, oder de Filmförderung, nä, machense doch auch alles neu gezz –

Gut! Werden ehmt bloß noch Filme gefördert, die zu ein verstärkten Verzehr von gute Maakenbutter anregen, un überhaupt krisse mitte Kinnokarte gleich en Päcksken Butter dazu – wär datt nix? Ich sach ja, man muß bloß Ideen ham, aber da fehltet beide Pollitiker ja vorne un hinten.

Botschafter

Datt Höchste, wattet für mich gibt, datt sintie Botschafter. Lehrer, Apotheker, Anwalt, Kanzler, datt kann ja jeder werden, nä, aber für BOTSCHAFTER – ich glaub, da musse ein ganz besonderen Mensch für sein. Mehr so edel. Un gebildet, Sprachen un alles. Pastor, Direktor, Manätscher, datt sind ja alle Berufe wie du un ich, aber für ein Botschafter sacht man ja nu aunnich umsonz EXZELLENZ für, nä.

EXZELLENZ. Datt is noch fast wie als wer nochen Kaiser hatten, un die müssen ja auch Fräcke anham un Lackschuhe un damit dann inne fremden Länder mitten Schampagnerglas inne Hand unter schöne Kristallüster rumstehen unnen guten Eindruck fürde Bundesreppeblik machen, ja.

Der muß wissen, wie man Hummer ißt un all so Sachen un immer galant zu Damen, son Botschafter, un eima inne Woche höchstens musserne Botschaft nachen Bundeskanzler hinschicken, wie et so is in Indien oder Kwalla Lumpur oder watt weiß ich, un datt kanner dann noch ausse Zeitung abschreiben, wenner schlau is, merktoch keiner, also, datt sind ma schöne Posten, so gesehen …

Die wohnen ja auch in Resedenzen, nä, mit Antequitäten un alles, damitte wilden Völker nich denken, Deutschland könnt sich nix leisten, nä. Die wern auch gut bezahlt, so Botschafter, datt hat man ja neulich ma erfahren, wie son Rechnungshof datt ma alle auffem Tisch gelecht hat, watt uns zu Hause sonne Botschaft kostet, also billich is datt alle nich, nä, Luxus kostet, sarich immer. Schon der Stellvertreter von den Botschafter, der kricht schomma 16 500 Maak plus 7400 Maak Aufwandsentschädigung im Monat, nä, da werden Exzellenz selbs ja nochen bißken mehr einstecken, denk ich mir so, Seidenschals un Kaviar gibtet schließlich nich für lau, un wenner aufne Paaty muß fürm Hunger inne dritte Welt, da musser ja auchen schön Ahmtanzuch anham, wie siehtatt denn sonz aus. Oder bei so Treffen wegen de Menschenrechte, ja, Wasser könnse da aunnich trinken, also datt kostet alle, aber nu meinter Rechnungshof, datt kostet en bißken zuviel, ne Idee zuviel, nä, weil allein bei unsere Botschaft in Amerika, da warn 160 Leute, wose jeden 4. nich von brauchen – da schreim de Legationsräte zum Beispiel Einladungskärtchen, statt dattse Legation raten, wose ja wohl zu da sind, wenn ich gezz aunnich weiß, wattat is, aber Einladungskärtchen könnten ja auch de Sekretärinnen schreim, die ham nemmich von 74 Stunden, diese geprüft ham, 45 nix anderes zu tun gehabt wie

Fingernägel feilen, sachter Rechnungshof, da kannze ma sehn …

Dann hättense auch en Putzfrauengeschwader, wo datt eintlich zwei, drei Putzfrauen alleine schaffen täten, weil jeden Tach is ja nu in sonne Botschaft aunnich Trallafitti, Bälle, Sekt, Frauen, Ferde, nä. Un so wäret überall inne Botschaften, sagense. Datt Geld flöch nur so zude Fenster raus flöch datt, un müßtense gezz Kräfte ausse Botschaften überall ma abziehen.

Hu, da ham de Exzellenzen aber aufgeheult! Datt ging nich, da würde dann irgendwie würde da Schaden auffe Bundesreppeblik Deutschland gehäuft mit un so –

Ach, Exzellenzen. Da macht euch ma keine Sorgen. Ihr krichtatt da inne fremden Länder ja alle nich so mit, watt hier passiert, aber laßtet euch von Else Stratmann sagen: da wird im Moment soviel Schaden gehäuft, nä, der Haufen is schon so groß, also, da kommtet auffen paa Legationsräte mehr oder weniger in Kwalla Lumpur kommtet da aunnimmehr draufan …

Karl Marx

Ingelein, sarich neulich so zu unser Inge, ihr lerntatt doch alle heutzutage inne Schule, diesen Karl Marx da, watt is an den eintlich so besonders oder so gefährlich, dattse da immer son Bahei drummachen, erklär datt deine Mamma ma. Der hattoch de Sowjettunion erfunden, oder nich?

Nä, Mamma, sachtse, so kann man datt nich sagen, aber dem seine Ideen, die tunse da irgendwie, also tunse da nach leben. Aber der wa ja hier von uns.

Ich sach, wie, der wa ga nich von drüben oder ausse Ostzone oder sowatt?

Nä, sachtse, dammals gab datt donnoch ga keine Ostzone, der wa vonne Mosel un obwohl datter Kommenist wa, wa er mit ein adeliges Frollein verheiratet un mußte immer im Ausland, weil datt hier mit dem seine Ideen alle nich erlaubt wa.

Is kla, sarich, datt geht ja heute nonnich, linke Ideen, hamse hier nich gerne, aber gezz ma ehrlich gesacht unter uns, watt sintatt denn auch für Ideen – der is doch schuld daran, wenn datt in Rußland keine Neilonstrümpfe un keine Appelsin gibt, oder?

Nänä, sacht unser Inge, datt siehsse falsch, da kann der nix für, der wollte ja bloß de Ausbeutung abschaffen, also weisse, in Kappetalismus, wie wir datt hier ham, da beutet der Mensch den Mensch aus, nä, un in Sozialismus – ja, is datt irgendwie umgekehrt oder so, also genau weiß ich datt aunnich, wichtich is jedenfalls diesen Mehrwert da.

Wattenn fürm Mehrwert sarich, un unser Inge sacht, also, den hatter Marx erfunden un der is datt Wichtichste an diesen Marxismus, paß auf, ich will dir datt ma erklären. Der Mensch is ja am Aabeiten, nä, un Aabeit is ein Wert. Un gezz nehm wer ma an, du backsen Brot, un da backse drei Stunden dran, un datt tauschsse dann meinzwegen gegen en Paa Socken, wone Omma auch drei Stunden dran gestrickt hat, un datt is dann Wert gegen Wert un datt is reell.

Wo gibtet denn sowatt, sarich, Socken, wo einer bloß drei Stunden dran strickt, sonne Omma gibtet nich. Da brauchsse doch mindestens zehn Stunden für, für son Paa Socken.

Ja, eben, sacht unser Inge, siehsse, da hasset schon: wenn du gezz datt Brot, wosse drei Stunden dran gebacken has, gegen de Socken eintauschs, wode Omma zehn Stunden dran gestrickt hat, dann hasse de Omma praktisch um sieben Stunden beschissen, un datt is der Mehrwert, un davon kaufen sich de Kappetalisten en Häusken auf Mallorca, hasse datt gezz verstanden? Und gerecht wär ehmt, wennze den Mehrwert widder im Wohlergehen fürm Aabeiter reinstecks unnich inne eigene Tasche.

Datt klapptoch nie, sarich. Nä, sacht unser Inge, klappt ja aunnich, aber is als Idee schön, musse zugehm. Bloß, wenn der Marx heute hier mit solche Ideen am Leben wär, dann hätter auch Berufsverbot für, nä. Dabei denk ich manchma, als Wirtschaftsminister wär der vielleicht ga nich so schlecht. Mehr Ahnung wie der Bangemann hätter.

(für Peter Zudeick)

Der gute Borkenkäfer

Hamse gelesen, mitten Waldsterben is ja nu auch bald Schluß, nä. Ja. Der Zimmermann will gezz dafür sorgen, dattie Luft besser wird. Wie der Mann datt machen will, weiß ich aunnich, wahscheinz solln wer eimfach nich mehr ausatmen nä, weil mitte Autoindustrie unte Fabriken, wo et schwaaz ausse Schornsteine rauskommt, da lechter sich ja bestimmt nich mit an, also: ers ma nich mehr ausatmen, un auch datt muffige Schlafzimmer nich mehr nach außen lüften, un davon soll dann de Luft besser werden unter Wald gesund. In Bayern hamset gut, da hamse datt ja gezz inne Verfassung drinstehen neuerdings, dattie Umwelt verflichtet is dattse sauber bleibt, also da dürfen de Bäume eimfach nich mehr sterben, is verboten – sowatt kriegense in Bonn ja nie hin, aber trotzdem hamse sich da gezz auch watt ausgedacht.

Diesen Borkenkäfer, nä, der is ja da auch dran schuld, datter Wald so am Sterben is, un da muß nu endlich Schluß mit sein, un gezz hamse inne Aabeitsämter ne dolle Idee gehabt:

Wenn wer watt in Hülle un Fülle ham, dann sintatt doch Aabeitslose, nä, die lungern rum un sind am Kassieren un lassen den lieben Gott en guten Mann sein un ham nix zu tun. Ja, sachtatt Aabeitsamt in Rastatt da neulich, dann könnwer doch de Aabeitslosen genausogut im Wald schicken für zum Absammeln vonne Borkenkäfer vonne Bäume! Die müssen unterde Rinde kucken, weil da sitzter Käfer meist rum un is am Knabbern dran, un da müssensen dann fangen un müssen auch so Dosen aufstellen mit Duft drin, wo wenn der verliebt is gehter rein un dann is aber nix. Ja, da gehter Tach ers ma schön rum von, 2 Million Aabeitslose ham watt zu tun, der Wald wird gerettet, wennen de 2 Million nich grade zertrampeln, unter Staat zahlte Stütze nich für umsonz, is doch praktisch, nä?

Is bloß noch de Frage, ob de Aabeitslosen datt auch mitmachen, weil wennze fuffzehn Jahre Stahlkocher waas, dann is datt ja nonnich raus, oppe datt nu sinnvoll finz, in deutschen Wald Käfer fangen, nä. Angeblich hamwer ja auch so viele Forstbeamte, solln die dattoch machen – aber denen is datt scheinz auch zu dummhapp, die fahrn lieber mitten grün Merzedes durchem Wald wie nache Käfer kucken, datt müssen gezz de Aabeitslosen machen, auch wennse eintlich gerne Lehrer wären – inne Ostzone müssen de Akkademiker ja auch eima in Jahr auffe Felder un mitte Hände Aabeit watt machen, warum nich hier, nä.

Un wie sollnse denn auch sonz klakomm mitte Aabeitslosigkeit? Ja, früher, da hamse dann immer feste gerüstet, dann gab datt ein Kriech un hinterher schön Aabeit bein Wiederaufbau, aber so Kriege ham wir ja heute nich mehr, nä, kriegen wer auch nich mehr rein, da is datt so schon besser. Wer tausend Käfer inne Büchse drin hat, schicktse nach Bonn un kricht widder fürne Woche Aabeitslosengeld. In Bonn müssense de Käfer natürlich widder ausse Büchse rauslassen, weil sonz kommtatt Hilfsprogramm ja im Stocken, wenn wer keine Käfer mehr ham, un dann müßtense sich en richtiges Hilfsprogramm ausdenken, datt wär aber peinlich, nä.

So gesehen is datt ja gut, dattwer den Borkenkäfer ham. Wenn ich Borkenkäfer wär, ich würd mich kaputtlachen, glaumse datt?

Staat und Umwelt

Also wissense, langsam wirtet ein ja richtich zu dumm – happ mitte Umwelt un alles – Wald am Sterben, Flüsse dreckich, Gift inne Luft, da wundersse dich manchma, wennze de Zeitung liest, dattwer nich schon alle tot sind, nä. Gift inne Eier, Seifenlauge inne Milch, Blei auffe Möhren, ja da müßter euch nich aufregen, datter Aabeiter dauernd krank is unte Krankenkassen nimmehr so reich werden wiese datt gewöhnt sind! Un soga datt biologische Gemüse, nä, wose selber Mist drauf machen, nä, da fällt ja auch von oben de giftige Luft drauf runter un von unten kommtat giftige Wasser, egal watte am Essen bis: krisse sofort Krebs von. Un mitte Nordsee könnwer bald Super tanken, soviel Öl hamse da schon im Wasser. Glaumse, datt gibt Tage, da frarich mich, ob sich datt lohnt, noch de Betten machen unte Fenster putzen un nache Volkshochschule gehen für zum Jogalernen, dattich mich nich über alles so aufrech, nützt aber nix, rechich mich trotzdem, datt gezz nur ma so nebenbei, wo warich?

Ach ja, datt ganze Gift, nä. Un dennoch dies Atom immer, wose nich wissen wohin mitten Müll, früher habbich immer gedacht, meine Zeit, watten Zirkus, tut ehmt jeder eima inne Woche sonne Tüte Atommüll in sein Ascheneimer, de Tonne wirt Donnerstach geleert un is doch soweso nie voll, aber laß de Tonne ma kaputt sein, dann hasse datt verseuchte Zeuch in Vorgaaten liegen unte Goldfische kriegen aunnoch so Furunkel wiede andern Fische schon alle haben, nänänä, Sorgen wode hinkucks. Alles giftich. Un gezz schießense schon Atom im Weltraum rauf, datt machtoch ga kein Spaß mehr, Himbeermammelade kochen, glaumse datt? Mitte Atomkraft, sagense, gäbet nur watt weiß ich alle pa Milliaden Jahre ma ein wirklich dicken Unfall, ja, Männeken, dann sintie pa Milliarden aber schon sowatt von rum, watt is denn dauernd, hieren Riß un da en Leck un gezz hamse diesen Kattastrofenschutz ja dafür gemacht, nä. Da kannze dich doch bloß ma widder wundern, watt Menschenhand sich alle ausdenkt, Sie. Wennet wirklich ma alle am Explodieren is, dann sollnwer nachen Rathaus hin un Jodtabletten abholen – ham Sie bei uns an Rathaus schomman Paakplatz gekricht? Jodtabletten abholen.

Alt-
glas
Alt-
papier
Atom-
müll

Un dabei scheinz de Aktentasche überm Kopp legen wie der Adenauer dammals immer gesacht hat für gegen de Strahlen un nich im Blitz reinkucken vonne Bombe ohne Sonnenbrille auf, je gezz sind Sie dran.

Un datt Neuste, wattich inne Zeitung gelesen hab, datt is, dattse den Bürger nich immer so beunruhigen wollen. Ein Herr ausset Gesundheitsministerium hat gesacht, also, datt is aunnich gut fürm Bürger, wenner datt immer alle gleich erfährt, wose widder Dioxin inne Erde gefunden ham un E 605 inne Milch un Blei auffe Möhren un wo datt Kraftwerk son klein fein Riß hat, den man eintlich ga nich so richtich sieht, bloß mit Anstellerei, unte Presse sollte ma nich so hüsterisch sein unten aam Bürger nich immer so fix von sowatt alle unterrichten, nä, nachher wärer nich bloß vergiftet, sondern krichtet vor lauter Schrecken aunnoch am Herz un datt könnte er, der Herr außen Gesundheitsministerium, könnte datt nich verantworten, un wenn wer nich immer wüßten, watt alle los is, würden wer uns aunnich aufregen un dann hätten wer de Heimat un datt Vaterland auch lieber un datt wär auch besser fürde Regierung un überhaupt, diese ganze Besserwisserei immer un dies Krittisieren, da brächte doch aunnix.

Da sehnse ma. Soll nochma einer sagen, de Pollitiker würden sich nich wirklich echte Sorgen um uns machen, nä. In dieses unser Land. Un auf eima habbich ga keine Angst mehr. Ha, watt schön!

Dollarkrise

Verstehn Sie datt, warum meinzwegen gezz dem Ammerikaner sein Dolla dauernd ma raufgeht un ma runter? Da blicktoch kein Mensch mehr durch, un datt kann mir keiner erzählen, dattie ollen Kerle, die da immer regieren, datt die sich da drin auskenn, datt versteh ich ja nich ma.

Ich weiß noch, wie der Dolla ma auf eine Maak sippzich in Keller wa, nä, da binnich nache Stadtspaakasse hin, wo der kleine Benno von Künnemanns aabeitet, den wern sie gezz nich kennen, der als Kind soviel krank wa, aber immer gut inne Schule unnen helles Kerlchen, die Eltern sind ja eher dusselich, aber der Benno nich so, un der aabeitet gezz inne Stadtspaakasse, aber nich am Schalter, mehr so hinten, weiler ja die Pickel alle hat, aber wenn ich komm, dann kommter immer vor un sacht, na, Frau Stratmann, wie isset? Un wie der Dolla gezz so unten wa, da habbich den klein Benno ma gefracht, Benno, habbich gesacht, du kennz dich doch aus gezz, kumma, der Ammerikaner, der kann ein ja direkt leid tun, müssenwer denn da nu Pakete nach hinschicken, wenn datt so weitergeht?

Nä, Frau Stratmann, sachter, kuckense ma, datt machter Ammerikaner alle selbs, un zwa nich der Herr Kater oder Regen oder wiese da nu immer heißen, datt machen de Herren vonne Bank, die sind nemmich de

Welt eintlich schon längst am Regieren, fallze datt nonnich gemerkt ham.

Ich sach, gut, datt Geld regiertie Welt, sachtatt Sprichwort, nä, aber de Bank …

Ja, wer hattat Geld denn? sachter, datt liecht inne Tresore rum un sindse mit am Speckelieren, passense auf, nehmwer gezz ma ne Bank in Ammerika, nä, morgens treffen sich der Direktor un sein Stellvertreter, un dann trinkense Tee zusamm un dann sachter Direktor zu sein Stellvertreter, hömma – die sagen in Ammerika ja alle du fürnander, nä – hömma, sachter, heute machen wer uns man Spaß un lassen den Dolla son bißken im Keller sinken, dann wackelte de Regierung, is schön watt los un für uns springt aunnoch watt bei raus, wenn wer uns nich dösich anstellen.

Is gut, sachter Stellvertreter, machen wer, aber kumma, wir ham ja auch kaum noch watt inne Kasse, wo sollnwer denn da groß mit rumspeckelieren?

Macht donnix, sachter Direktor, wir sintoch ne seriöse Bank, uns leihenset doch, also, tellefoniersse gezz ma fix nach Europa hin, die ham de Schubladen voll, un da leihsse dir fuffzich Million Dolla.

Watt meinze wattat kostet! sachter Stellvertreter, un der Direktor sacht: is donnur für sagenwer ma vier Tage, leihsse dir gezz inne Schweiz für vier Tage fuffzich Million Dolla un die tusse dann sofort umtauschen, hörsse? Für 20 Million kaufze in England Funt Störling ein, für 20 Million haate deutsche Maak, für

10 Million meinzwegen inne Schweiz Franken, un wenne datt has, meldesse dich widder bei mir, ich geh gezz mitte Gattin schomman klein Diamanthalsband kaufen, datt könn wer uns dann nemmich leisten.

Un der Stellvertreter machtatt, nä, un nammittachs hattert schon, datt geht ja alle mittat rote Tellefon, un dann sachter, so, Scheff, habbich alle gemacht, un nu?

Un nu, sachter Direktor un grinst, nu geben wer alle unsre großen Kunden so ganz diskret en klein Tip, se solln ma ganz fix de Dollas abstoßen, diese noch in Keller ham, die wärn nix mehr wert un se solln lieber haate deutsche De-Maak kaufen un Funt un Franken, un datt könntense bei uns. Un die machen datt, weil wennet am Geld geht, hamse ja alle immer gleich Angst, un die bring uns de Dollas un wir gehm ihn datt andere Geld, bißken teurer wie wir datt eingekauft ham, versteht sich, un dann ham wer schon den ersten Reibach gemacht, un mittlerweile spricht sich datt rum un der Dolla fällt runter, weilse alle Angst kriegen, un dann könn wer schon nach drei Tage unsre fuffzich Million zurückzahlen nach Europa, un lasset nur 2 Prozent billiger seit, Junge, dann ham wer bei fuffzich Million, wennwer son paa Unkosten unte Zinsen abziehen, ham wer immer noch 1,23 Million Dolla Gewinn in drei Tage, Hälfte für dich, Hälfte für mich, wärnwer doch bekloppt, wenn wer datt nich machten, nä.

Sehnse, Frau Stratmann, so ungefähr müssense sich

datt vorstellen, sachter kleine Benno. Aber nu denkense ja nich, Sie könnten mit Ihr Gespaates aumma son Reibach machen. Weil, ob datt wirklich so geht, weiß ich ja nich, ich bin ja nur ein klein Spaakassenangestellten. Aber ahms, wennich in mein Bett liech, dann denk ich: wenn ich Bankdirektor in Ammerika wär, ich würdatt so machen, un warum solln die da nich auch draufkomm, wo ich draufkomm un velleicht datter Dolla deshalb immer so am Fallen is –

Aber Sie un ich, wir mit unser Spaabuch, da nutztatt nix. Wegen unsere paa Kröten, da bewechte Weltbank sich nich. Un deshalb machen wir aunnie son Reibach. Wir wern immer nur bewecht, verstehnse, bewegen selbs tutet sich woanders.

(für Jochen Bogner)

Ruhestand

Ich weißet noch, als wäret gestern gewesen, wie unser Oppa endlich auf Rente is. Meine Zeit, watt hatter sich gefreut! Vorher hatter schon immer gesacht, noch drei Jahre, noch zwei Jahre, nochen halbes, noch diese Woche, bloß morgen noch! Noch ein einzigen Tach! Und dann isser hin, letzten Tach, nä, mitten Bus sechs Uhr zehn, wie immer, unser Omma hatten auch de Bütterkes geschmiert wie immer, un inne Firma hamsen dann

geehrt, nä. Geehrt. Da gabet Sekt un Schnittchen un der Junior hat gesacht, datt gezz der schöne Ruhestand kommt un hamsen nochen Schaukelstuhl geschenkt, un unser Oppa sacht noch, watt sollich denn damit, gezz fängtatt Leben ers richtich an, gezz sitz ich donnich in son Schaukelstuhl rum! Wenn ihr gezz auf Schicht müßt, sachter, kann ich mich unter de Deck nomma rumdrehen un anne Matratze horchen, wenn ihr am Ackern seid, geh ich nachen Schrebergaaten hin, wenn ihr hier Krach habt, weil nix klappt, sitz ich in Paak un lassen lieben Gott en guten Mann sein, un dann isser nach Hause un hamwer aunnoch schön gefeiert, ja, un dann warer pensioniert, nä, nach einenfuffzich Jahre Aabeit, mit vierzehn hatter angefang beide Ofenfirma da.

Ja, un ers warer selich: Rentner! Ha, watt schön! Jeden hattert erzählt, der et nich hören wollte. Un dann hattern Keller aufgeräumt, hattat Blumenbänksken reppariert, hatte Schuhe alle eima durchgeputzt, un dann fing unser Omma schon an, nä, Paul, sachtse, nu geh domma raus hier, ich kann mein Haushalt nich machen, wennze mir dauernd inne Quere sitzt, un eima saße bei uns inne Küche un wa am Heulen – Else, sachtse, ich haltatt nich aus, den ganzen Tach is der Mann zu Hause un kuckt mir auffe Finger, nie habbich gezz ma son Stündken bloß für mich, wie früher –

Ich hab mir unsern Oppa dann vorgeknöppt, hömma, Oppa, habbich gesacht, gezz bisse doch auf

Rente, datt hasse dir doch sowatt von gewünscht, nu mach aumma watt draus, du wollztattoch werweißwie genießen, un gezz sitzte immer nur de Omma auffe Pelle, datt gehtoch aunnich.

Da hatter mich angekuckt mit ein Blick, Sie, den vergeß ich nie – Else, sachter, datt verstehstu nich. Aber wie sollze auch, ich versteh et ja selber nich – datt ganze Leben habbich mich gefreut auffe Rente, un nu isse da un ich denk: watt sollich noch auffe Welt ohne Aabeit? Haushalt machte Omma alleine, wennich watt einkauf, isset falsch, immer kannich aunnich in Paak mitte ganzen alten Männer auffe Bank sitzen, watt sollich denn machen?

Ich sach Oppa! GENIESSEN! Kannze dattenn nich genießen?

Un wissense, watter sacht? Genießen, sachter, Else, datt ham wir ja nich gelernt. Wir ham bloß immer aabeiten gelernt. Genießen hamse uns donnich beigebracht. Un wie sollich dattenn gezz in Alter mitte kaputten Knochen aus einenfuffzich Jahre noch lernen, genießen …

(für Hanns Dieter)

Die Welt der Fürsten

(Ein Kursus über unsere Höfe)

Norwegen und Dänemark

Wenn wer mit unsern Fürstenkursus in Norden anfang, dann komm wer ers ma nach Norwegen, dadrüber gibtet ja nix mehr, bloß Grönland, un datt gehört schon wieder de Magrethe von Dänemark, datt kriegen wer auch gleich, un Schweden machen wer dann extra wegen unser Silvia.

Also, Norwegen, datt gehörte früher bei de Wikinger, un deshalb heißter Könich da auch Olav, wie inne alten Zeiten, aber den müssense sich nich merken, weil inne Herzenszeitungen steht immer mehr von den sein Sohn, datt is der Harald, un der hattie Sonja Haraldsen oder -son geheiratet, die heißen ja immer alle gleich da ohm, un die is eintlich bürgerlich, macht sich aber gut gezz so, doch, ja. Wie wir hier 1968 datt ganze Theater mitte Studenten hatten, da ham Harald un Sonja geheiratet, un gezz sindse einmalich glücklich un ham Märtha-Louise unten klein Haakon Magnus, untie Sonja hat schomma für watt Wohltätiges mit Wencke Mürre im Färnsehn gesungen, is ehrlich wah, un mehr Skandale gibtet da auch schonnich. Der Olav hat ja noch die Ragnhild, die hatten Erling Lorentzen geheiratet un lebt gezz in Brasilien, weilet da viel wärmer is wie in

Norwegen, un dem Olav seine Frau, datt wa dem Caal Gustav von Schweden seine Tante Märtha, wiese noch lebte, un da sehnse schon, wie datt alle zusammhängt inne Schlösser, un dem Olav seine Mutter wane Tochter vonne englische Königin Victoria, wo auch Lisbett von England seine Mutter ne Tochter von wa, un gezz komm wer nach Dänemaak, da regierte Magrethe un is ein Meter dreienachtzich groß. Der ihr Vatter wa vorher Könich un hieß Frederik, untie Magret Dünser hat ma gesacht, der hätte Vögel un Drachen auffe Brust tätowiert gehabt un die mußte datt ja wissen, die kannte die ja alle, der soll ja nett gewesen sein ...

Drei Töchter, nä, Annemie, die den klein Konstantin von Griechenland geheiratet hat, der ja nu auch umsonz Könich gelernt hat, un Benedikte un Magrethe, die is verheiratet mit ein Franzose, der Henri Dingenskirchen heißt un is Graf, un der hat neulich ma son Ärger gemacht, er wollten Sonderfong ham un wär datt leid, immer bloß Geld vonne Gattin kriegen. Meine Zeit, da sindse gezz bald 18 Jahre verheiratet un da isset ihn noch peinlich, wennerse nach Geld fragen muß, umgekehrt müssen datt Million Frauen Tach für Tach un kriegen auch kein Sonderfong! Die hattoch genuch! Soller doch nehm, watter kriegen kann! Die kricht anne 5 Million im Jah un muß davon Kleider, Reisen, Strom un Heizung fürde sieben Schlösser (ma unter uns, watt brauchtie sieben Schlösser?) unne Gehälter vonne Diener zahlen, ja da wirtoch fürm Gatte

noch watt übrichbleiben! Außerdem hatter Geld von Hausaus, der kommt ja ausse Weinbrangsche un überhaupt überlecht man sich dattoch vorher, ob man ne Königin heiratet un de zweite Geige spielt oder nich, nä.

Schweden

Gezz komm wer nach Schweden hin, ja, Sie, da könntich aber stun-den-lang erzählen, aber ich muß mich ja immer kurz fassen, Papier is teuer, nä. Un soll ja auch mehr son Kursus werden, dattse sich inne Herrscherhäuser ma richtich auskenn, un da gehörn ja so Dönekes dann aunnich rein, wie die Silvia ma ihr Tagebuch verloren hat – obwohl ich datt zu gern erzählen würde, aber laß wert gut sein, also: Schweden.

Datt wa da nich immer so hamonisch wie heute, früher hamse da ma ein Könich Gift inne Erbsensuppe getan, weil dem sein Könichssohn inne Zigeunerin verliebt wa, un dann hattense auch dauernd Ärger mit Kriege un alles, aber seiter Caal Gustav unser Silvia geheiratet hat, is datt alle vergessen, die is ja ma 'n Sonnenschein, Sie! Un dem Caal Gustav seine Mutter wa auch schon deutsch, also in Schweden ham wir die Finger gezz ganz dick mit drin, die kleine Victoria heißt ja auch so nach ihre badische Omma, un dann hamse noch den klein Caal Fillipp untie kleine Madeleine Therese Amalie Josefine, wo neulich ers Taufe wa.

Gezz sintie Schweden ja glücklich, so nette Kinder immer Weihnachten untern Chrisbaum inne Schlösser, datt sehnse ja alle gerne, dabei waanse ers ga nich so glücklich, wie der Caal Gustav mit unser Silvia ankam – kuckense ma, watt überall anne Höfe noch Prinzessinnen rumlungern, die dringend unterde Haube müßten, un da kommter mitne Olümpiahosteß an, nä. Deshalb hamse sich ja ers auch immer bloß heimlich getroffen, 17 ma, also 'n Honichschlecken wa datt nich für die, datt könnse mir glauben, aber dann – Glanz un Gloria, nä. Un gezz hamset gemütlich, weil der hat ja nich viel zu tun, regieren tut ja da wohl ein andern Herr, er sitzt ahms mit unser Silvia auffen Schippendählsofa un kuckt stolz auffe Kinder, un sie is am Stricken un sacht, na, Caal, watt wa heute? Un er sacht, och, nix, watt soll gewesen sein? Un sie sacht, waasse schön segeln? Un er sacht: logisch, un dann freunse sich so richtich, nä.

Un bloß eima, wie sie datt Tagebuch verloren hat – (gezz kommich donnoch drauf!) da wa watt los, Junge Junge. Datt wa 82, wiese in München bei ihren Schwager, den Prinz Hansi, wa, un da musse datt wohl verloren ham, stand jedenfalls ganz groß inne Herzenszeitung drin SILVIAS TAGEBUCH VERSCHWUNDEN! Ich weiß noch, datt mir dammals bald datt Herz stehengeblieben is, denn son Tagebuch vonne Königin, datt is ja nich wie von unserein, da kommt ja gleich der ganze Staat am Wackeln, wenn datt einer findet un dann stehta meinzwegen drin «Caal Gustav heute unheimlich nickelich, Krach gekricht wegen de Kinder» oder so weil, warum soll datt inne Ehe vonne Fürsten nich aumma kriseln, nä, denkense an Juliane un Bernhard, da komm wer ja nachher soweso noch drauf. Also, jedenfalls, datt Tagebuch wa weck un Gustav am Toben, nä, kannze dennich besser aufpassen auffe Piselotten? wirter wohl gesacht ham, wie datt jeder Gatte in son Fall sacht, nä, un ich hab mich irgendwie dochen bißken geärgert, datt ich et nich gefunden hab, Sie – ich hättet Ehrenwort per Eil un Ein inne Tüte nach Schweden hingeschickt, aber vorher hättich domma ein Äugsken riskiert un eima, nur einma reingekuckt, watt sonne Königin wirklich denkt ...

Holland

Ja, gezz aber, Holland, Sie –

Wissense noch? Der Prinz Bernhard dammals? Kricht 800 000 Maak Taschengeld im Jah un steckt scheinz noch de Foten inne Kasse vonne Fluchzeuchfirma? Na ja, vergessen un vergeben, gezz sitzter schön mit Juliane auffet Altenteil un Beatrix is am Regieren.

Die Juliane soll ja de reichste Frau der Welt sein, 15 Milliaden oder sowatt, also da kannich mir soweso nix mehr drunter vorstellen, watt will die denn damit? Datt letzte Hemd hat keine Taschen, hat unser Oppa immer gesacht un is doch wah, un dabei is die soweso immer so eimfach gewesen, fährt Fahrrad, hat immer Kopftücher um un trächt Wollhosen, weilet in Holland ja so windich is.

Also, mitter Frau hatter Bernhard doch den Fischzuch seines Lebens gemacht, wennse mich fragen, der heißt ja eintlich Lippe-Biesterfeld un kommt auch hier aus unsre Ecke, nä, dammals warer bei IG Faaben angestellt, wie er de Juliane kenngelernt hat, un die wa so reich, weil der ihre Mutter, de Wilhelmina, schon immer Aktien am Sammeln wa wie andre Leute Briefmaaken. Un der Bernhard, wose alle immer Benno für gesacht ham, wa ja eher son Luftikus, nä, Paris un so, un er wollte ja auch, datt Juliane seidene Wäsche trächt, aber sie, nä, resolut, hat gleich gesacht, da wird nix draus, in Holland hol ich mir mit seidene Wäsche auffen Fahrrad bloß watt anne Blase, nix, die Wollhosen bleim an un aus. Tja, un da mußter sich dann fügen, un dann hamse eine Tochter nache andere gekricht, Beatrix un Irene un Magritt oder -griet oder so un Maria Christina, un Beatrix hat Königin gelernt, Irene hattiesen Caalos Hugo geheiratet, wose immer dachten, datter ma Könich von Spanien wird, aber dann isset doch Juan Caalos geworden un gezz sindse auch schon widder geschieden, weil sie watt hat mit ein ausse Marine, untie Magritt oder -griet hatten Pieter van Vollenhoven geheiratet untie Christina den Jorge Guillermo, jede Menge Enkelkinder, Holländer rote Backen un gesund, Tulpen jedes Jah feste am Blühen, also, die Juliane kann zufrieden sein mit ihr Lebenswerk, oder?

Mit Bernhard hatse ja manchma Sorgen, der immer in seidene Anzüge, wo sie so spasam is, von nix kommt nix, nä, un er immerne frische Nelke – nich Tulpe! – im Knopfloch un läßter sich soga nach Affrika nachfliegen, wenner da ma nach hinmuß, un sie läßt sich außen alten Mantel noch ne Jacke schneidern, dabei hamse Silber inne Schlösser, wo ein Diener $4\frac{1}{2}$ Jahre brauchen würde, bisser datt eima alle geputzt hätte, datt weißich aunnoch vonne Magret Dünser.

Beatrix un Claus wissen wer auch, nä, Claus wieder einer von uns hier, also wir sehn schon, wattie Deutschen überall inne Könichshäuser mitmischen, bloß selber hamse nix mehr, schade, der Kohl kann eim datt aunnich alle ersetzen, obwohl er sich Mühe gibt. Der Claus wa ja schwermütich, nä, gezz gehtet ihn wieder besser. Ich hab datt immer gut verstanden, weil blöd muß sich einer schon vorkomm, immer zwei Schritte hinterde Gattin un als Prinzgemahl, un für schwermütich werden musse ja ers ma'n Gemüt überhaupt ham, un wenn ich mir da so de englische Könichsfamilie ankuck, Sie – beide Hände im Feuer: schwermütich könnta nie einer von werden!

England

England mussich ja wohl nich viel zu sagen, oder? Lisbett, Änne, Schaals, Diana, Ändrew, Edward, Fillipp un Lisbett seine Mutter. Buckingham Palast, Schloß Gätscomb, Kensington Palast, Prinzessin Magret, immer unglücklich – datt wissen wer ja alle, über die Familie steht ja jeden Tach alles inne Zeitung. Un ich musset schon wieder ma sagen: auch der Fillipp stammt von uns Deutsche ab, dabei ham de Engländer im Kriech nach ein deutschen Rauhhaardackel Steine geschmissen, so wenich konnten die de Deutschen leiden, aber den Fillipp hamse gern. Der hält ja treu zu Lisbett, obwohlse immer so unmöchlich angezogen is, datt Willi sacht, mit der würdich kein Schritt auffe Straße gehn, komm mir bloß nie mit so Hüte. Tu ich ja auch nich, bloß Kaneval, da zieh ich immer datt bunteste Kleid an un den ältesten Hut un so Ommaschuhe, un dann nimm ich ne Tasche, die nich dazu paßt, un dann geh ich als Lisbett, un alle schrein: kumma, Else! Wie de Königin von England!

Der Schaals hat ja dieselben Malessen wie de ganzen Jugendlichen hier bei uns, nä, hat jahrelang gelernt un kricht gezz keine Stelle als Könich, aber auf den Thron sitztie Lisbett feste drauf, musser waaten. Na, gezz hatterja de Diana, da wirte Zeit schon rumgehen, obwohl, die is auch heikel, Sie – 500 Paa Schuhe, un die müssen jeden Tach alle geputzt wern! Der ihr Butler hat ja auch neulich gekündicht, angeblich willer nach Kallefornien, wo et wärmer is, aber mir kann der nix erzählen, datt seh ich doch, dattie keine Hausfrau is, un dannoch de Kinder immer – nä, der geht bestimmt nach Dallas oder Denver hin, da krichter mehr un hattet besser un kommt im Färnsehen.

Änne is ja ma immer schnippisch, da mach ich ga nix drüber schreiben, aber in der ihre Ehe stimmtet aunnich, sowatt seh ich, Sie hat watt mitte Ferde un er hatte ja aumma watt, sagense – aber sowatt daafze ja immer nich behaupten, nachher komm die Brüder noch daher un verklagen ein auf Schadenersatz un datt kann unsereins sich nich leisten. Jedenfalls stimmtet da nich, da ändern auch der kleine Peter untie kleine Zarah nix dran. Ja, un Ändru machte Mutter aunnich grade Freude mit seine Pornostaas da – unter Edward soll ja auffe Schule ziemlich dusselich gewesen sein, aber solche lassense immer durchkomm, da sachter Rektor inne stille Stunde zun Lehrer: «Lassense den bloß nich sitzenlassen, dem seine Mutter is doch Königin.» Un schon läuftie Sache.

Dabei hattie Lisbett aunnimmehr soviel zu tun, Sie – datt macht ja gezz in England alle die Magret Thätscher. Un Lisbett sitzt in Palast un flecht sich, jeden Tach Gerstenschleim mit Zitrone, da isse so schlank von, sachtse, aber watt is dattenn fürm Lehm, ich bitte Sie. Lidschatten blau, Puder rosa, un rauchen daaf in der ihre Schlösser auch keiner. Gezz isse 58, un wennse ahms mit Regieren fertich is oder damit, wattie Thätscher ihr davon noch übrichgelassen hat, dann tut se en bißken färnsehen un läßt datt Zimmermädchen nomma nachkucken, datt nachher nich wieder einer auffe Bettkante sitzt ... wir verstehn uns, nä.

Wo Fillipp in *der* Nacht wa, is ja übrigens bis heute nonnich raus.

Belgien

Dieser Otto aus Friesland mitte strähnigen Haare, der behauptet immer, de Königin von Belgien hieß Ravioli, datt stimmt aber nich, die heißt Fabiola un ißen ganz lieb un still Mädchen aus Spanien. Der ihr Bruder is dieser Don Jaime, der immer mitten Monokel in Auge rumlief un soviel Wirbel gemacht hat, aber gezz kanner auch keine großen Sprünge mehr machen, datt Alter macht auch vor gekrönte Häupter nich Halt, da sehn wert ma widder. Fabiola is mittiesen Bauduin verheiratet un Kinder hamse nich, datt is ganz tragisch für die, weil, wer soll den Thron gezz erben, muß Albert ran, nä, der Bruder. Aber dem seine Gattin is doch diese Paola, wose sich immer aufgerecht ham, weilse für Belgien eimfach zu schön wa un früher immer so kurze Röcke an un alles, aber die is auch inne Jahre gekomm, so regelt sich datt schon alle von alleine, un noch machter Bauduin et ja auch.

Belgien is klein, da gibtet nich viel zum Regieren, muß langweilich sein da an der ihren Hof, man hört aunnich viel. Fabiola spielt ahms auffe Gitarre schomma schwermütige Waisen – nä, Weisen müssen datt sein, nä, Weisen, da summt er dann zu un viel mehr is schonnich los. Dem Bauduin seine Omma wa aus Bayern, übrigens, die hatten großgezogen, weil dem seine Mutter wa doch de schöne Astrid, die mitten Auto verunglückt is, wo der Kleine ers fümf wa, ganz Belgien hatta drübber geweint dammals, nä, weil wenn sowatt inne Könichskreise passiert, datt is ja immer ganz furchba, bei normale Familien kommtatt Kind im Heim, unte Wohnung wird anderweitich vermietet, aber da ja nich, nä. Alles ganz tragisch immer gleich.

Der hat aunnoch ne Schwester, der Bauduin, un datt istie Schalotte von Luxemburch, die den Erbgroßherzoch geheiratet hat, aber die Familie kriegen wer ers gezz inne nächste Folge von unsern Kursus.

Luxemburch und Liechtenstein

Luxemburch un Liechtenstein (jaja, mit ie, is schon richtich) machen wer gezz ein Abwaschen mit, könnse auch leicht aussenanderhalten, Luxemburch liecht ohm un Liechtenstein liecht unten un in beide is nix los wie Briefmaaken un Radio Luxemburch. Oben is datten Herzoch, unten en Fürst, beide schön katholisch, nich aam, Steuern kannze ohm un unten spaan. Wennse dich reinlassen. Der Herzoch heißt Jean, der Fürst heißt Franz Josef, de Gattinnen heißen oben Schalotte un unten Gina, un Kinder sind auch genuch da, dattet Geld inne Familien bleibt. Astrid von Luxemburch is ja nu auch endlich unterde Haube, da ging ja lange datt Drama, obse den Schaals nu kricht oder nich, aber datt wa eimfach zuviel Gedöns, er evangelisch, sie katholisch, er son Schlawiner, sie als Krankenschwester immer ganz brav, nä, er reitet de Ferde zu Schrott un Sie is Ehrenpräsedentin von Tierschutzverein – datt wär nix geworden. Da isset so schon besser. Obwohl, die Lisbett hätt et gern gesehn. Aber nich ma inne Könichshäuser machen ja heutzutage de Kinder mehr, wattie Eltern wollen, nä. Wo warich?

Ja, Astrid ihr Bruder hat auch geheiratet un is schon Eltern, un in Liechtenstein is gezz endlich Gras überm Altprinz Uhri gewachsen, dense ma erwischt ham, wie er 1950 14 000 Schweizer Uhren nach Deutschland am Schmuggeln wa, mußter in Lörrach 120 Tage für sitzen un 60 000 Maak Geldstrafe, wenn datt alle so stimmt, wattich immer bein Frisör so les, nä. Schwamm drüber, vergessen, schwaaze Schafe gibt datt überall. Liechtenstein is so klein, kannze mitten Fahrrad eima rumfahren, un doch so reich, aber alles nur so ganz kleine Firmen in so ganz kleine Briefkästen, nä, un dann hamse noch Briefmaaken, wie gesacht, un Dübel un Kunstzähne. Der Franz Josef hat bisher immer umsonz regiert, weiler genuch hat, un der is ja aunnoch von Beruf Förster, aber gezz krichter ausse Landeskasse jedes Jah 200 000 Maak, da wärich auch gerne Fürst für. An 16. August hatter immer Geburtstach, wenn de Turisten alle da sind, un dann zeichter sich mitte Gattin im Dirndelkleid, also SIE im Dirndelkleid, nä, un fürde Bevölkerung gibtet Böllerschüsse unne Trachtenkapelle un die Kinder zeigen sich auffem Balkon, un wennze datt eima gesehen has, da krisse Tränen im Auge un denks, mein Gott, datt ham wir alle nich mehr in Deutschland, un selbs, wenn wert wieder einführen – ich will eimfach Hannelore Kohl nich in ein Dirndelkleid sehen.

Spanien

Der Spanier hat ja wirklich watt mitgemacht inne letzten Jahhunderte, Sie. De Habsburger immer mitte hängende Unterlippe, lauter Bekloppte als Könich, dann de Kirche überall de Foten mit drin, lauter Puckelige un Wahnsinnige auffen Thron, der eine Könich hatse nich alle, der andre läßt sein einzigen Sohn im Kerker schmeißen, weiler denkt, der hätte watt mit seine Gattin, in Amerika un Mexiko hamse rumgefuhrwerkt wiede Verrückten un dennoch diesen Franco – also die könn direkt froh sein mit ihren Juan Caalos da. Un da ham wer schon gleich datt Wichtichste an Spanien: verwechselnse mir ja nich immer Caalos Hugo mit Juan Caalos! Der Juan Caalos is gezz Könich da, un der hattoch unser Soffie geheiratet, von unsern Kaiser seine Friederike de Tochter, un der Caalos Hugo hattie Irene ausset Haus Oranien geheiratet, wo er gezz aber schon von geschieden is, un da hattense beide watt auffe hohe Kante – der Juan Caalos de Urenkelin von ein Kaiser unter Caalos Hugo datt Geld von Haus Oranien, aber geworden isset dann der Juan Caalos mit Soffie, un danach werdet der kleine Felipe, der is ja auchen nett Kerlchen, doch.

Der Juan Caalos kann segeln un Motorrad fahren un kuckt auch de alten Haudegen da in Spanien auffe Finger, un Soffie is immer still un lieb. Die sind ja streng da in Spanien mitte Ehe, datt muß klappen, obbet klappt oder nich, nä. In Soffies Verwandtschaft gibtatt zwei echte Kaiser, sieben Zaren, zwei Dutzend Könige, un trotzdem hatter kleine Felipe beide Krönung von sein Vatter inne Nase gebohrt, ja, so sind ehmt Kinder, nä. Un Soffie sein Vatter wa ja Könich von Griechenland un wa trotzdem auch Prinz von Schleswich-Holstein, wo ja gezz der Uwe Baaschel is, nä.

Der Juan Caalos paßt auf, datter kleine Felipe schon früh genuch Könich lernt, soga auffem Manöver mußter schon mit, dabei wirter ers grade sippzehn, un morgens trinkter Milchkaffee un Appelsinsaft un macht Gümnastik, watt ich mir auch jeden Ahmt vornehm aber dann nie mach, aber nu muß ich ja auch kein Weltreich regieren, nä.

Monaco, armes Deutschland und Exil

So, letzte Folge vonne Könichshäuser gezz, damittat einfürallema erledicht is un ich nich jedesmal wieder von vorne anfangen muß – «Hach, Frau Stratmann, wer regiertennu in Dänemaak un wem seine Tochter is dennu eintlich die kleine Märtha un watt is dennu der Unterschied zwischen Juan Caalos un Caalos Hugo?» –, könnse gezz alle hier nachschlagen, nä.

Heute kriegen wer Monaco: da regierter Rainer gezz alleine, die Gräce Kelly gibtet ja nu nich mehr. Der Rainer is Fürst, obwohl sein Oppa watt hatte mitne algerische Waschfrau un datt wurde ers später irgendwie dem seine Mutter überhaupt alle als adelich anerkannt, so genau weissichet gezz nich, aber jedenfalls is der nich mehr Fürst wie du un ich, bloß ham wir kein klein Steuerparadies für zum Regieren, un Gräce Kelly sein Vatter wa ers Maurer, dann Bauunternehmer, un da weiß man dann ja, wo et Geld herkommt, untie Mutter wane Turnlehrerin aus Düsseldorf, also die is eintlich auch eine von uns, ma widder. Die Mutter wane geborene Maier, da sehnse schon, vonne Krone inne Wiege kann ga keine Rede sein, un ich weiß nich, wie oft ich mir schon den Mund fusselich geredet hab un zu unser Inge gesacht, Kind, flech dich, mach dich en bißken nett, lauf nich so zammelich rum immer, velleicht kommtann aumma son Rainer oder irgendein reichen Kerl un machtne Fürstin aus dir, aber nein, mitten öligen Detleff anne Ecke stehn un knutschen, dabei hatter nich ma ne Lehrstelle. Wo warich?

Ja, der Rainer muß datt gezz alleine machen, aber er hat ja den Albert, der wird dann Fürst, un gezz is ja auch Carreline wohl ma vernümftich, obwohl ... also, dattie erste Ehe mittiesen windigen Makler inne Brüche geht, datt habbich ja gewußt, da lachter Papst sich doch kaputt, wenner gezz sagen soll, auf eima giltatt alle nich, ja sicher giltatt. Un der zweite ... ich weißet nich, Sie. Mein Tüp isser nich, auch so jung noch, aber nu hamse ja datt Kind, für dattatten Fümf-Monats-Kind is, is datt ja gut auffen Damm, nä? Wir verstehn uns, oder? Wennse mich fragen, an Carreline is nix dran, zu verwöhnt, der gehört ma watt auffe Ohren, aber der Rainer is ja viel zu weich, den wickeltie ja ummen Finger, un Steffanie macht soweso, wattse will. In Monaco liegen Glanz un Elend sowatt von dicht zusammen, ich kann Ihn sagen ...

Aber wenichstens hamse Glanz, wenichstens hamsen!

Un wir?

Strauß, Kohl, Genscher, Stoltenberch, Albrecht, is datt auch schon Glanz? Hier glänzt nix, in Bayern hamse wenichstens noch en paa Wittelsbacher rumzulaufen, aber wir ham bloß den Prinz Louis Ferdinand, der in Alfred Bioleck sein Bahnhof ma gesungen hat un der immer nache Ostzone hinfährt, datter den Kontakt zu sein ganzes Volk nich verliert, falls wer de Wiedervereinigung donnoma reinkriegen, un dann gibtet noch den Otto von Habsburch beide CSU, aber dattis aunnich datt, watt ich mir unter Glanz un Gloria vorstell, oder der Erbprinz von Thurn un Dingens mit seine fruchtbaare Gattin – nä, aus der Traum, kein Könich oder Kaiser in Sicht für Deutschland, müssen wer uns mit abfinden, immerhin dürfen die alten Adeligen bei uns noch bleiben, kuckense Griechenland, Konstantin mußte mit seine Annemie ab nache Fremde un is sich gezz tot am Langweilen, weiler ja nix anderes gelernt hat wie Könich, oder Farah Diba, nä, er is ja nu tot, aber sie daaf aunnimmehr nachen Fauenthron hin un bis auffen paa Milliaden, die inne Schweiz liegen hatse nix mitgenommen, außer ein Säckchen Heimaterde, aber all de Kleider unte Ketten mußte se dalassen, die trächt gezz alle der Komeeni, so kannet auch gehen, nä.

Schluß gezz. Völker komm, Völker gehn, Könichshäuser bleim aunnich ewich bestehn. Wo der Giscard von Esteng wa, is gezz der Mitterang, wo der Schah wa, is der Komeeni, wo der Schmidt wa, is der Kohl. Eintlich sind wir überhaupt datt einzichste Land, wo … aber ich will nix sagen. Der Kohl regiert ja ma zu gerne, nä. Lassen doch.